力道山未亡人

細田昌志

小学館

力道山未亡人

力道山未亡人 ❖ 目次

装幀　岡　孝治

序章

「不思議な日」

(15) ☆14版☆ 昭和38年12月9日 (月曜日) 読売新聞

力道山、ナイトクラブでケンカ、刺される

ヤクザの乱闘を派生 一人重傷

力道山

八日午後十一時ごろ東京都千代田区永田町二の二ナイトクラブ「ニュー・ラテン・クォーター」

傷害のあったリキ・アパートにかけつける警官隊

警官70人くり出す

逃げ遅れ焼死

阿佐ケ谷で二むね焼く

発炎筒で列車と…

山手線ガ…

事件を報じる読売新聞
(1963年12月9日付)

二〇二二年十月一日、土曜日。

午後五時から内幸町のレストラン「アラスカ」で、イベント会社を経営する鈴木裕枝のバースデイパーティが催された。

大勢の来賓が集まった。大相撲・元大関の髙安、『氷雨』のヒットで知られる歌手の佳山明生、タレントのマッハ文朱、東京オリンピック・パラリンピック競技大会担当大臣をつとめながら、失言で辞任に追い込まれた櫻田義孝衆議院議員の姿もある。総勢四十五名。座が盛り上がらないはずがない。

終盤に差しかかった頃、セミロングのワンピースに、淡い灰色のカーディガンを羽織った婦人が壇上に上がった。一礼したのちマイクを握ると、ピアノの伴奏に合わせて歌い始めた。

I was waltzing with my darlin'
To the Tennessee waltz
When an old friend I happened to see

婦人は『テネシーワルツ』を朗々と歌い上げた。「昔の友人に恋人を紹介したら、その恋人を奪われた」という歌詞が、誕生日に相応しいかどうかは知らないが、今日はこの曲が歌いたかった。抑えの効いたボーカルが場内に響き渡る。

婦人は田中敬子といった。

この日の主役である鈴木裕枝にとって、八十歳をすぎた田中敬子は母親のようであり、気兼ねなく話せる親友のようでもある。

敬子が壇上から降りると、拍手が鳴り止むより早く、レストランの支配人が「お車の用意は出来ております」と耳打ちした。

「ありがとうございます」

そう言って掌を表に向けると、時計の針は、午後九時を指していた。

敬子はこの後のことを考えた。あまり遅くなってもいけない。でも、このまま直行するのもどうかしら。もう酔ってはいないけど、躊躇しないこともない。別のテーブルでは二次会の話も聞こえてくる。

二次会は深夜まで続くに決まっている。その後で合流出来なくもないが、そんな気にならないこともわかっていた。

結局、赤坂方面に流れる友人たちに別れを告げて、敬子はタクシーに乗り込む。

行き先を求めるように運転手が横顔を見せた。喫茶店にでも寄ろうかと思ったが、それも気が進まない。

「ままよ」

敬子は行き先を告げた。あの人なら許してくれるはず。「気にするな」と主人も言ってくれるだろう。そう思うことにした。

白金高輪のマンションに着くと、午後十時近くにもかかわらず、リビングには喪服に身を包んだ複数の大柄な男の姿があった。

敬子の姿を認めた何人かが、おもむろに立ち上がって、身体を折るように叩頭した。敬子も目礼で返したが、小川直也以外はわからなかった。名前を聞いても知らないだろう。

寝室に足を踏み入れると、遺体が安置されていた。眠っているようだと敬子は思った。

アントニオ猪木である。

こっそり上がって来い

田中敬子がアントニオ猪木と初めて会ったのは、敬子が力道山と婚約してすぐの、一九六三年初頭のことである。

箱根までゴルフに行く早朝、力道山の住む赤坂のリキアパートの前に、ゴルフのキャディバッグをラゲッジに運び入れる若者の姿があった。十九歳の猪木である。

力道山がアパートから出て来た。

「敬子さん、紹介する。アゴだ」

「あ、どうも」

「おはようございます」

力道山は何かにつけて「アゴ」と呼ぶこの青年に、用事を言いつけた。

「アゴを呼べ」

「アゴ、ウチまで上がって来い」

猪木は「毎日、力道山には殴られたり蹴られたり、本当に散々な目に遭った」と述懐してきた。

おそらく、そういうことは頻繁にあったのだろう。ただし、敬子はその場面を一度も見たことがない。

給仕係の「ボンちゃん」を殴った場面は何度か目撃している。でも、猪木に手を上げている場面には一度も遭遇しなかった。

むしろ、誰よりも可愛がっているように見えた。寵愛と言っていい。珍しいものが手に入ったら「アゴを呼んでやれ、アゴにも食わせよう」と必ず言った。

すぐさま、敬子はアパートの敷地内に建つ選手の合宿所に電話を入れる。猪木本人が出るのはわかっていた。電話番だからである。

「猪木さんですか、主人が……」

敬子が用件を伝えようとすると、力道山は受話器をひったくって、決まってこう告げるのだ。

「誰にも見つかるな、こっそり上がって来い」

サイドビジネスに熱心だった力道山は、その打ち合わせを自宅でやることも珍しくなかった。

銀行員、税理士、弁護士、会計士が自宅に集まる。そんなときもこう言う。

「アゴ、肩が凝った。揉みに来い」

青年に肩を揉ませながら、仕事の話を進めるのである。つまり「お前も一緒にこの話を聞いておけ」ということだ。こんな弟子はどこにもいない。

だから、後年の猪木がやたらビジネスに手を出しても、敬子は不思議に思わなかった。不動産、輸入販売、店舗経営……。すべて力道山の受け売りである。影響を受けないはずがないからだ。

猪木がいわゆる〝ジジイ殺し〟だったのは有名な話だろう。政治家、経営者、文化人、教育者、裏社会の大物と、押し並べて籠絡されたものだが、力道山こそ第一号だったのかもしれない。

ジャイアント馬場を指して「特別扱いだった」と言う人は多いが、敬子にはそうは見えなかった。馬場のことはヒット商品として扱ったにすぎない。特別扱いは猪木の方なのだ。猪木こそ、力道山の後継者だった。

その猪木が息を引き取って、静かに横たわっている。

敬子が猪木と最後に話したのは、一カ月前の八月二十五日のことだ。

新型コロナウィルスの蔓延や、猪木の病状の進行もあって、頻繁に会う機会は失われたが、月に一度は敬子から携帯電話を鳴らすようにしていた。この日もそうだった。

「元気？」

「いやあ、元気を売っていた俺が、売る元気もなくなってねえ」

「張り合いないのね」

「ムフフ」

「じゃあね、また、かけるからさ」

「はい、では」

これが、最後の会話となった。

三日後、日本テレビの『24時間テレビ』に車椅子に乗った猪木が出演した。「思ったより、元気そうじゃん」と敬子は思った。

二歳下の猪木は弟のようである。馬場は三歳上。その年齢差が、今日までの関係性となった。

静かに眠る〝弟〟の前で、神妙に手を合わせた敬子は、心の中でこう祈った。

「猪木さん、主人に会ったら、くれぐれもよろしく伝えて下さい」

「あなた、猪木さんが、そろそろお見えになる頃かと思いますけど『アゴ、よく来たな』って迎えてやって下さいな」

敬子の脳裏に、同じように横たわる、大・力道山の亡骸が甦った。

不思議な日

一九六三年十二月八日。田中敬子はこの日を「不思議な日」として記憶している。

前夜、浜松で年内最後の試合を終えた力道山は、会場の浜松市体育館から自宅に電話をかけた。

「さっき、試合が終わった。今夜は予定を変更して、これから東京に帰ることにした」

敬子は驚いた。翌朝はゴルフを楽しむ予定ではなかったか。日本プロレスの幹部や中京地区のプロモーター、マスコミも交えて18ホールを回る慰労ゴルフは、師走の恒例行事で、それを取り止めて帰京するというのは只事ではない。

訝しく思う敬子の心境が伝わったのか「明日、親方が自宅に見えることになったんだ。来年のアメリカ場所のことで相談がしたいらしくて」と力道山は明かした。

「親方」とは元横綱・前田山の高砂親方である。関脇まで昇進しながら、一九五〇年に力士を廃業した力道山にとって、今も懇意にする数少ない角界の関係者であり、部屋こそ違えど、現役時代から仲のいい先輩だった。

「明日、親方がいらっしゃいますの」

「そうだ。だから、酒をたあんと用意しておけと、塩谷に伝えといてくれ」

「わかりました」

「塩谷」とは年嵩の家政婦である。力道山はこうも言った。

「ところで、明日の朝、一緒に駅まで迎えに来てくれないか」

遠征先や試合会場から自宅に電話が入るのは珍しいことではなく「飯は食ったか」「ゆっくり休めよ」と身重の敬子を気遣うものも多かったが、「迎えに来てくれ」と言われたことは一度もなかった。

妙な心持ちがしないでもなかったが、いつになく、夫の愛情に触れられて嬉しく「では、私もお迎えに上がります」と返した。

「そうか、来てくれるか」

「ええ」

「よかった。じゃあ、お休み」

それだけ言うと、力道山は電話を切った。

大相撲アメリカ場所

新幹線開通前年の一九六三年、浜松から帰京するには、寝台車ということになる。「朝六時頃に着いた」という田中敬子の記憶が確かであれば、力道山が乗車した寝台車は、おそらく、午前一時七分浜松発「急行那智」（東京着〇六〇四）だったはずだ。

東京駅で運転手と一緒に到着を待っていると、改札口から大柄な男の集団が見えた。力道山一行である。傍らには「ボンちゃん」こと田中米太郎の姿もあった。力道山は敬子を抱き寄せると頬にキスをした。酒の臭いがする。足元も覚束ない。車内で随分と呑んだのだろう。

帰宅すると「親方が来たら起こしてくれ」と言い残し、すぐに眠ってしまった。

正午すぎ、自宅のチャイムが鳴った。

「リキ関はいるかい」

高砂親方が現れた。ロサンゼルスのリトルトーキョーにおいて、初めて本格的な鮨屋「川福」を開いた、大将の中島も親方に続く。

敬子は眠っている夫を揺り起こすと、そのまま宴会が始まった。家政婦に一切を任せて、敬子は夫の隣でひたすら話の相槌を打つ。

話題は、翌年二月の「大相撲アメリカ場所」である。戦後、初めて行われる米国本土での巡業であり、団長は高砂親方が任じられた。

親方が力道山を頼ったのは、現地の興行関係者に顔が利くからだ。かつて、自分に冷たい仕打ちをした角界が頼ってきたことが、力道山をいたく上機嫌にさせた。

事実、ホノルルで四日間の興行を打ち、その後、ロスに乗り込む手筈を整えたのは、力道山の尽力によるところが大きい。

日程は以下の通り。

【日程】▽二月五日午後十一時羽田発▽同五～十一日「ホノルル場所」（四日間）▽同十二～十五日「ロサンゼルス場所」（三日間）▽同十六日「サンフランシスコ場所」▽十八日午後九時二十分羽田着

【人員】▽団長・高砂（元横綱・前田山）▽勝負検査役・立田川（元横綱・鏡里）振分（元横綱・朝潮）▽力士（幕内三十七名）▽行司・木村庄之助（ほか二名）▽呼び出し・安次郎（ほか一名）▽その他（床山、土俵職人）合計五十六名

「日程は主人が決めました。ホノルルはレフェリーの沖識名さん、ロスとシスコはグレート東郷さんに依頼しました。要は主人の人脈でアメリカ場所をやるわけです」（田中敬子）

宴もたけなわとなった頃である。

「親方、アゴのことだけど」

力道山が切り出した。すると、高砂親方は「あいつか」と言った。

「心配はいらん。俺に任せてくれ」

それを聞くと、力道山は安心したように「よし、アゴを呼べ」と敬子に命じた。

昨夜は他のレスラーとともに浜松に一泊したアントニオ猪木だが、もう帰京しているはずだ。今頃、部屋で休んでいるのではないか。敬子がダイヤルを回すと本人が出た。

「猪木さん、主人が呼んでますよ」

「すぐに参ります」

五分も経たないうちにアントニオ猪木が姿を見せた。すると、力道山はジョニ黒のボトルをポーンと放り投げた。今でこそ二千円台で買えるジョニー・ウォーカーのブラックラベルだが、この時代は、大卒初任給一万円の時代に、二万五千円の高値が付く高級酒だった。

「ほら行け」

猪木も心得たもので、ボトルの栓を開けると、そのまま呑み干してしまった。「また、いつものやつが始まった」と敬子は苦笑した。

何の躊躇もなく、胃袋に高級酒を流し込む青年を見て、高砂親方はぽつりと洩らした。

「こいつ、いい顔してるねえ」

すると、力道山は誇らしげに返した。

「そうだろう」

この場に、若き日のアントニオ猪木が呼ばれた理由は、ただ一つ。

力道山は、猪木を力士にしようと考えていたのだ。

猪木力士転向計画

アントニオ猪木（本名・猪木寛至）は一九四三年二月二十日、十一人兄妹の六男として横浜市に生まれた。

少年時代から身体は大きく、十四歳のとき一家でブラジルに移住すると、コーヒー農園での重労働が、強靱な肉体と並外れた反骨精神を作り上げた。

「十七歳のとき、ブラジル遠征にやって来た力道山にスカウトされてプロレス入り」と大方のプロフィールにはあるが、筆者は懐疑的である。伝手を頼りに力道山の居場所を突き止めた猪木が「日本に帰ってプロレスラーになりたい」と売り込んだとは考えられないか。

彼が生涯抱き続けた、異常なまでの上昇志向を思えば、自己プロデュースの天才が、十七歳にして、その片鱗を見せたと考える方が、自然な気がしないでもない。

ともかく、力道山に連れられて三年ぶりに帰国した猪木寛至は、同時期に入門した五歳上の馬場正平（ジャイアント馬場）とともに修行を積み、入門五カ月後の一九六〇年九月三十日、台東体育館で大木金太郎を相手にデビューする。結果は腕固めで敗れた。

程なくして、海外遠征に出発した馬場とは対照的に、猪木は力道山の付き人を命じられ、下積み生活を送ることになる。猪木自身は付き人時代をこう振り返っている。

《力道山という人は、とにかく手が早い。怒った瞬間にもう殴られてしまう。あの太い腕でぶん殴られるのだから、たまったものではない。（中略）私は力道山の付き人を、結局彼が死ぬまで

務めていたから、その三年間は一番殴られたと思う》（『猪木寛至自伝』アントニオ猪木著／新潮社）

しかし、力道山に寵愛されていた自覚はあったらしく、こうも書いている。

《殴りはしたが、可愛がっていたことは間違いないと思う。後に私もいろいろな付き人と接することになるが、気に入らなければ三年も付き人をさせはしない》（同）

田中敬子は、猪木の胸中をこう代弁する。

「猪木さんが『酷い目に遭った』って殊更に言ったのは、一門のレスラーの嫉妬をかわすためでしょう。それは主人も敏感で、猪木さんを自宅に呼ぶときは他の選手に気付かれないようにしていたし、猪木さんを電話番に命じたのも、そういった理由だと思うんです」

それほど、愛情を注いだアントニオ猪木を手放してまで、角界に入れようと考えた力道山の真意はどこにあったのか。

敬子がその計画を知ったのは秋口だという。晩酌の相手をしていると「アゴのことだけど」と力道山が切り出した。

「あいつを、親方に預けようと思って」

「高砂部屋に？」

「ああ、力士にさせようと思う」

「プロレスをやめさせるんですの」

そう言うと「話は最後まで聞け」と、すかさず力道山は顔をしかめた。

「まず、身体をでかくさせる。それと、瞬発力も付けさせよう。あいつの素質と根性があれば、二年で新入幕は間違いない。三役まで上って大関が狙えるところまで来たら、プロレスに戻す。そうなったら、あいつの名前で客が呼べるようになっているはずだ」

敬子は驚いた。夫はそこまで、あの青年に惚れ込んでいるのだ。軽い嫉妬すら覚えた。

雲を摑むような「力士転向計画」だが、計画は具体的に進んでいた。

「猪木会長が天龍源一郎さんと対談したとき『初土俵は？』って会長が訊いたんです。『三十九年の初場所です』って天龍さんが答えたら『じゃあ、同期だったかもしれないな』ってボソッと呟いたんです。要するに『力士になっていたら、どうなっていたか』という想像は、終生、会長の中にあったように思うんです」（晩年のアントニオ猪木のマネージャーである甘井もとゆき）

つまり、力道山が「大相撲アメリカ場所」に協力する交換条件として、猪木を力士に転向させる腹案を持っていたとすれば、この計画は符合するのである。

空白の七時間

午後六時、「千代新で呑み直すぞ」と力道山が叫んだ。

「千代新」とは赤坂の有名料亭である。永田町から程近く「長谷川」「金龍」と並んで、大物政治家の密談の場としても知られていた。

この日は午後九時から、ＴＢＳラジオ『朝丘雪路ショー』の収録に臨むことになっていた。リキアパートから千代新まで徒歩十分、千代新からＴＢＳの社屋は五分ほどで着く。

猪木の肩を借りなければ歩けないほど酩酊していた力道山は「お前も来るか」と敬子に言った。

しかし、七カ月の身重でさすがにそうもいかない。

すると、にっこり笑って、しかし、はっきりとした口調でこう言った。

「今日は遅くなるから、先に休んでいなさい」

それだけ言うと、千鳥足で出て行った。

午前零時半、自宅の電話が鳴った。

「奥さん、先生はお戻りですか」

力道山の側近の吉村義雄だった。

「いえ、まだ、戻っておりませんが」

「そうですか」

「一緒だったんじゃありませんの」

敬子が訊き返すと、吉村はこう答えた。

「さっきまで一緒だったんですけど……。何もなければいいです。失礼します」

それだけ言うと、電話は切れた。

数分後、再び吉村から電話があった。

「何度もすみません。実は先生は事故にあったみたいで……」

「事故？　交通事故ですか」

「それが……」

吉村が口籠っていると、自宅のチャイムが鳴った。玄関のドアを開けると、リキ観光開発専務のキャピー原田と、山王病院院長の長谷和三に両肩を支えられた夫の姿があった。

「どうなさいましたの」

敬子が驚いて尋ねると、原田も長谷も言いにくそうにしている。すると、力道山は息も絶え絶えに、念を押すように言った。

「いいか、このことは誰にも言うな。特にお前の親父には絶対に言うんじゃないぞ」

敬子の父親は現職の茅ケ崎署長である。要は警察の耳に入れたくないということだ。

チャイムが立て続けに鳴った。玄関には血を流した若い男が立っていた。

「夜分に申し訳ありません。先生は……」

「い、いますよ」

男は自宅に入り込み、ソファーに座る力道山の姿を認めると、土下座してこう言った。

「先生、本当に申し訳ありませんでしたっ」

「もういい」

「何とお詫びをすればいいか」

嗚咽する男に続いて、複数の男が自宅に雪崩れ込んで来ては「申し訳ありません」「我々がいながら」と口々に言う。

今夜は一体何があったのだろう。

敬子が茫然と眺めていると、中の一人が「奥様、私から事情を説明します」と声をかけてきた。

そこで敬子は、力道山がクラブで刺されたことを初めて知ったのだ。

新聞報道

腹部を刺され、山王病院に運ばれた力道山は、応急手当で済ませると、医師の忠告に耳を貸さず「家に帰る」とわめき散らしたという。

「病院で手術をすると警察に漏れてしまって、報道されかねない。そうすると『力道山は強い』というイメージが損なわれる。そのことを、まず考えたんでしょう」(田中敬子)

しかし、長谷和三やキャピー原田の説得に折れ、力道山は山王病院に再び送られ、手術をすることになった。執刀医は院長の長谷和三本人ではなく、聖路加国際病院の上中省三外科医が呼ばれた。右翼の大物である児玉誉士夫の紹介で、以前から懇意にしていたのだ。

当時の山王病院は産婦人科が専門で、外科医がいなかった。それで、聖路加国際病院から上中医師が、急遽、呼ばれることになったのである。

午前七時、自宅の電話が鳴った。

「上中です。手術は終わりました。容態も良好です。傷口は目立たないようにしました」

「ありがとうございます」

「奥様は午後にでも、病院にいらして下さい」

安堵した敬子は、ずっと眠っていないことに気付いた。休む前に朝刊をめくると、社会面に「力道山、ナイトクラブでケンカ　刺される」という見出しが飛び込んで来た。

《八日午後十一時ごろ東京都千代田区永田町二の二二ナイトクラブ「ニュー・ラテン・クォーター」店内でプロレスラー力道山（本名百田光浩さん四〇）（中略）はささいなことから若い男ととっくみあいのけんかとなり、刃物で左下腹部を刺され長さ四センチのキズで全治二週間のケガを負った。力道山はいったんリキ・アパートにもどったのち山王病院に収容された》（１９６３年12月９日付／読売新聞）

「誰にも言うな」と力道山が釘を刺したのは、マスコミに漏れることを恐れたためだが、こうして記事になっている。それどころか、アパートの周辺に警察官が七十名も配備されていたなんて、まったく気付かなかった。

記事を追うと、次の一文があった。

《この事件の二時間後、九日午前零時四十分ごろリキ・アパートの前で乱闘さわぎがあり、（中略）警視庁では力道山の傷害事件から派生したやくざのけんかとみて赤坂署を中心に捜査一課、同四課が背後関係の追及にのりだす一方、赤坂署では隣接六署に緊急配備を発令、警戒に当たった》（同）

新聞報道から、敬子は、昨夜の様子が手に取るように理解出来た。

同時に、自分は何一つ知らされていないことを悟った。

サイダーの嘘

山王病院は会見を開き、集まった大勢の記者の前で「全治二週間」と発表した。

敬子は自宅を離れ、病室の隣に部屋を取って付き添いにあたった。

レスラーも交代で手伝いにやって来た。田中米太郎、ミツ・ヒライ、アントニオ猪木、上田馬之助、本間和夫といった面々である。

力道山は彼らに「蕎麦でも取るか」「饅頭でも食ってけ」と優しい言葉をかけたが、猪木にだけは「お前はここに来なくていい」「稽古はやったのか」「今朝は何km走ったんだ」と厳しく言った。病室でも特別扱いだった。

「よく『力道山は入院中にサイダーを飲んだ』とか言われてたけど、飲んでいません。水分は厳禁だったから、私が湿らせたガーゼを口に当てたりしたんです」(田中敬子)

長谷和三の報告書には「経過良好」の文字が記されており、むしろ、退院後の予定が話柄の中心となった。「伊豆がいい」「いっそ、ハワイに行くか」と口々に言い合った。

十二日水曜日には、二所ノ関部屋時代の後輩で、日本プロレス幹部である芳の里淳三の結婚式が開かれた。そもそも、力道山夫妻が媒酌人をつとめる予定で、新郎新婦が披露宴会場から、そのままの衣装で現れると、涙を流さんばかりに喜んだ。

誰もが快方に向かっていると思った。

容態が急変したのは十二月十五日の朝である。回診に来た院長の長谷和三が「様子がおかしい」と言い出したのがきっかけだった。

「血圧も下がっているし、腹膜炎を起こしているようだ」

急遽、再手術が決まった。手術室に運ばれながら、力道山は敬子にこう言った。

「俺はまだ死にたくないんだ」

「何を言うんです。大丈夫ですって」

「いいか、金はいくらかかってもいい。何とか助かるようにしてもらってくれ」

ストレッチャーは手術室に消えた。執刀は前回と同じく、聖路加国際病院の上中省三が呼ばれた。

再手術が終わったのが、午後四時である。

「奥さん、手術は成功しました」

院長の長谷和三が言った。

「本当にお世話になりました」と敬子が深々と頭を下げると、長谷は言った。

「一度、自宅に戻ってはいかがですか。ご主人も今日は眠ったままかと思います」

そう言われて「そう言えば、お風呂に入りたい」と六日ぶりに帰宅した。

入浴後、寝室に入ったが、どうも寝つけない。

妙な胸騒ぎがする。

「そうしたら、夜九時前に電話がかかってきて『奥さん、今すぐ来て下さい』って言われて、病院に駆けつけたんです」

病室には院長の長谷と看護師二名、吉村義雄と田中米太郎、ミツ・ヒライの姿もある。

長谷は神妙な面持ちで脈拍を取っている。全員が押し黙っていた。何が何だかわからない。帰宅している間に何が起きたのか。

程なくして、長谷が顔を上げて言った。

「ご臨終です」

「は？」

突然、田中米太郎が泣き出した。敬子はすぐに理解出来なかった。

眼前には、静かに横たわる夫の姿がある。眠っているようにしか見えない。

ここで、敬子の記憶は途絶えている。

気を失ったのだ。

そして、深い眠りに落ちたのである。

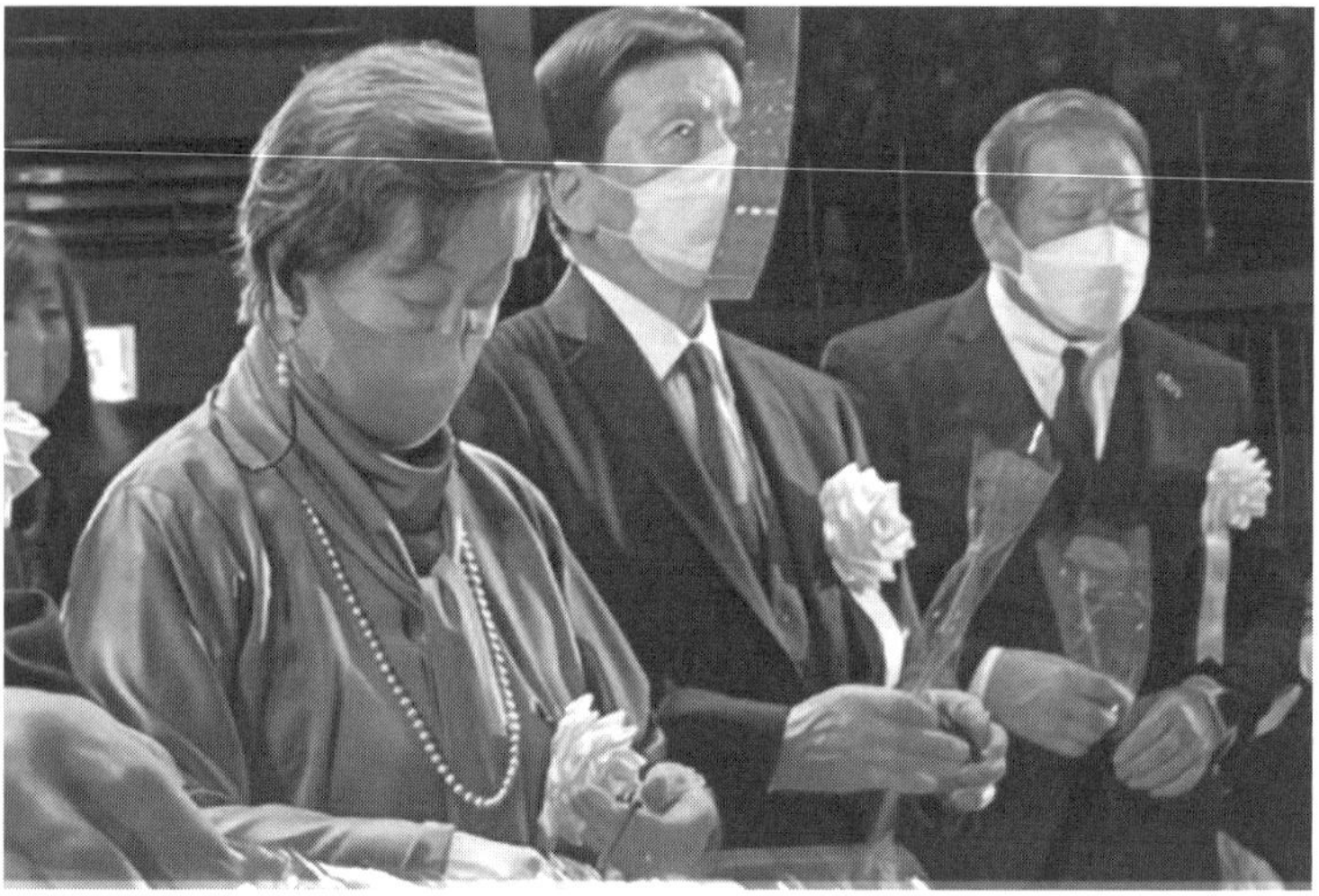

2023年3月7日、両国国技館で行われた「アントニオ猪木お別れの会」に列席した田中敬子。
右端は藤波辰爾

1章 「健康優良児」

「昭和28年度・健康優良児神奈川県代表」に選ばれた
小学校6年生の田中敬子(前列右から2番目)

田中敬子は、日米開戦半年前の一九四一年六月六日、横浜市保土ヶ谷に生まれた。

田中家は広大な田畑を有し、何世帯もの小作農を抱える豪農だった。とはいえ、代々の農家ではない。

祖母の志がは、富山県下新川《しもにいかわ》郡生まれ。駆け落ちで故郷を離れ、関東に上って来た。相手は田中金次郎という米の相場師である。

富山の下新川郡というと、一九一八年に日本各地に波及した「米騒動」発生の地として知られる。米価の高騰を端緒に、問屋や相場師の糾弾を目的とした一連の騒擾こそ、彼らの出奔の背景にあった。

横浜に流れ着いた若い二人は、相場で得た資金を元手に、橘樹《たちばな》郡保土ヶ谷（現・横浜市西区久保町）の土地を買い漁った。今でこそ、マンションの立ち並ぶ一帯も、昭和初期は荒地も同然で、二人は大勢の使用人を雇って開墾に励み、田畑に作り変えたのである。

程なくして、長男の勝五郎が生まれた。敬子の父である。

一九三八年、勝五郎は徴兵され中国戦線に送られている。階級は伍長、包囲戦として知られる徐州会戦に加わったのだ。

「父は、火野葦平《ひのあしへい》の『麦と兵隊』に登場してるんです。何でも、車で敵陣を突破したら、四方八

方から撃たれて死にそうになったって。その話は何度も聞かされてきました」(田中敬子)
『糞尿譚』で一九三七年度下半期の芥川賞を受賞した火野葦平が、中支派遣軍報道部に転属後、戦地で筆を執った『麦と兵隊』は一級の戦記文学である。作品を手に取ると「五月十六日」の記述に、次の場面が出て来る。
《一人の歩兵伍長を衛生隊のトラックに乗せて、後衛として後方から前進している筈の寺垣部隊に急遽応援を頼むため、出発させた。(中略)使者は決心の色を眉宇の間に漂わせ、死してもこの任務を果たします、と低い声ではあったが、たのもしい力の籠った声で云った》(『麦と兵隊』火野葦平著／角川文庫)
伝令役となった歩兵伍長こそ田中勝五郎だった。驚くことに、新聞までこの一件を報じている。
《弾丸雨飛の真只中に突然一台のトラックが飛び出し敵機銃の猛射を浴びつつ奥地に進んで行く大胆と云おうか、無謀と云おうか、このトラックには後方から前進してくる部隊に応援を求める重大任務を帯びた歩兵伍長田中勝五郎君が乗っていた》(昭和14年10月4日付／神奈川読売)
記事を追うと、敵の銃弾を一斉に浴びて、フロントガラスは破壊、「運転席の勝五郎は死んだと誰もが思った」とあるが、弾丸は奇跡的に当たらなかった。新聞記事はこう続ける。
《母親のしがさんが寝ていると表の戸口で「お母さん、お母さん」と呼ぶ声がする。確かに戦地に居る勝五郎君の声である。(中略)「今頃どうして帰って来たのだい」と沸き立つ胸をおさえながら戸口に立ったがどうしても戸が開かない。「勝五郎、勝五郎」と呼び続けているうちに我に返った。戸を開けて表へ出てみたが息子の姿など何処にもなかった》(同)

寝巻姿のまま外に飛び出した志がは、自宅から３００ｍほど離れた、杉山神社の社殿に駆け上って祈り続けた。その甲斐なく、数カ月後、保土ヶ谷の田中家には勝五郎の死亡通知が届いた。

しかし、奇跡が起きた。勝五郎が帰還したのだ。

《戦地の勝五郎君はかすり傷一つ負わず、重大な任務を立派に果して部隊へ帰っていた頃だったのだ。（中略）しがさんは「八幡様の御加護があったればこそですわ」としみじみ語った》（同）

ただし、重要なのはそのことではない。身体も癒えて、百姓仕事に戻ろうとした勝五郎に、志がはこう告げたのだ。

「いいかい、お前は天に生かされたんだから、この先の人生は国に仕えなさい」

早暁の不思議な出来事を聞かされ「母さんが命を救ってくれた」と思い至った息子が、母の意見に反論出来ようはずもなかった。

田中勝五郎は猛勉強を開始し、幾度かの挑戦の末に、警視庁の中途採用試験に合格。警察官として新しい人生を踏み出した。

この転身が、その後の田中家を大きく変えることになる。

あれは戦死と同じ

警察官になってすぐ、田中勝五郎は妻・鶴子を娶った。長女の敬子が生まれたのは翌年で、二年後には長男の勝一が生まれた。

しかし、戦況の悪化は、平和な家庭まで容易く呑み込んでしまう。

一九四五年三月十日の東京大空襲では、十万人近い無辜の民が命を落とした。横浜も五月二十九日の大空襲で、市内全域が炎に包まれた。

程なくして、母の鶴子が咳に苦しむようになる。肺気腫と診断されたが、医師の多くは被災者の治療に追われ、さしたる処置も施されなかった。母が衰弱していく様子を、四歳児だった敬子も微かに記憶している。

鶴子は苦しみながら息を引き取った。敬子には母親の記憶はほとんどない。それでも「あれは戦死と同じ」と憤りを込めて言う。

敬子が六歳を迎える頃、勝五郎は後妻を迎えた。佳子という物静かな人で、敬子は「おばちゃん」と懐いた。新しい弟も生まれた。

敬子が小学校三年生のとき、一家は保土ヶ谷の広大な田畑を手放し、根岸に引っ越している。敬子の遊び場は野山から海に変わった。

転校先の横浜市立間門《まかど》小学校では、朝五時に起きて誰よりも早く登校した。五年生のときには跳び箱を八段も跳び、脚も速く、バック転も出来た。並外れた運動神経に教師も目を見張った。

この時代の小学生に支給された脱脂粉乳も、まずいと思ったことは一度もなく、他人の分まで飲んだ。背丈がどんどん伸びて、五年生の時点で１６０㎝を超えている。

根岸に来て三年ほど経ったある日、隣家にアメリカ人のＧＩが引っ越して来た。

家の中は椅子とテーブルが置かれ、襖も取り払われていた。驚いたのが電化製品で、冷蔵庫、掃除機、洗濯機と、当時の日本の家庭では見られないものばかり揃っている。

日常会話は英語である。「英語は世界中の人と話せるのよ」と夫人は言った。

知らなかった。であるのに、戦時中は「敵性語」と言って、国民が英語を使うことを禁じていたのか。むしろ、英語を駆使して仲間を増やすべきだった。

その日から、敬子は生きた英語を教わるようになる。せめて、彼らが話している内容を理解したい。小学生のうちに、会話に不自由しないレベルにまで達したい。

この頃、敬子の将来の目標は決まった。

「外交官になって世界中を飛び回りたい」ということである。

健康優良児

「健康優良児」——時折、耳にする昭和の言句である。

本書の主人公である田中敬子は「私は健康優良児でした」と言った。

「健康優良児」は抽象的な概念ではなく、一九三〇年に「日本一の桃太郎を探す」という主題のもと、朝日新聞社が主催、文部省（現・文部科学省）と各道府県の教育委員会が後援というお墨付きを与えて始まった、官民合同のメディアイベントだった。正式名称は「全日本健康優良児童表彰事業」。同時に「健康優良学校」も選ばれたのは、新聞購買の拡大を企図していたからなのは言うまでもない。

戦後は一時中断されるが、一九四八年に再開。「強い日本児童」という戦前のイデオロギーから脱した戦後の方が幅広く浸透し、表彰事業は一九七八年まで続いた。

そんな「健康優良児」だが、顕彰に至るまで、いくつもの関門が設けられた。

参加条件は小学校六年生の男女児童で、学校から推薦された十名ほどの児童が、各市町村の主催する審査会に回される。審査会では、身長、体重、胸囲の実測、50ｍ走、跳躍力、投力の測定、さらに、健康診断と学力テストが行われ、以上の結果から、まず、市町村ごとの健康優良児が選ばれた。

次いで、県の教育委員会による審査会が行われ、男女児童一名ずつが県代表に選ばれる。その中から「日本一の健康優良児」が決まるという、高校野球同様の狭き門である。

よって「私は健康優良児だった」と自称する人物の大半は、おそらく、学校推薦止まりか、単に発育がよかっただけで、右の過程を踏んでいないものと思われる。

田中敬子は、本当に健康優良児だったのか。

彼女が小学校六年生だったのは一九五二年、「日本一の健康優良児」が決まるのが十一月三日ということは、九～十月には市町村と県代表が選ばれることになる。

まず、毎日、読売、産経、神奈川と朝日新聞以外の新聞媒体を手繰ってみたが、載っていなかった。朝日新聞社主催のイベントでも、高校野球とは決定的に異なる点である。

筆者は一九五三年の『朝日新聞・神奈川版』を取り寄せ、丹念に頁をめくった。九月二十四日付に「健康優良児　県代表はだれに？」という比較的大きな囲み記事が見つかった。そこには、「健康優良児、郡市代表児童は次の通り」とあり、郡市ごとの一覧が（男子）と（女子）に分かれて載っていた。

昔の新聞紙の薄くて小さい文字を追うと「横浜」の欄に、次のように記してあった（カッコ内は学校名）。

《▽横浜　伊藤洋子（子安）武井静枝（西寺尾）田中敬子（間門）……》（昭和28年9月24日付／朝日新聞・神奈川版）

田中敬子は横浜市代表の健康優良児だった。証言に嘘はなかった。

次なる問題は、はたして「神奈川県代表」だったかどうかである。

川島正次郎

一九五三年九月二十六日、土曜日。この日の午前十時から「健康優良児・神奈川県代表」を選ぶ審査会が開かれ、田中敬子は横浜市代表として審査会に臨んだ。

身体検査、運動能力検査、学力検査、面接と、すべての審査を終えると、会場となった横浜西中学校の体育館に全員が集められ、男女一名ずつ県代表が発表となる。

翌朝の『朝日新聞・神奈川版』（1953年9月27日付）は「健康優良児童県代表決る」という大きな見出しを打ち、写真付きでその様子を伝える。結果は以下の通り。

《本年度県健康優良児審査会は県教委、県、朝日新聞横浜支局主催で二十六日午前十時から横浜西区西中学に各郡市の公立小学校代表五十一名（男子二十六名、女子二十五名）に私立小学校二名が参加して開き、身体、機能、疾病異状、運動能力、面接、学力テストなどを総合審査した結果、県健康優良児として男子五名、女子七名を決定。このうち県代表には男子で神野洋一君（生

麦小）女子で田中敬子さん（間門小）がそれぞれ選ばれた》（同）

田中敬子は本当に「健康優良児・神奈川県代表」だった。筆者が新聞のコピーを差し出すと、「新聞に載ってたなんて初めて知った」と不思議そうに記事のコピーを摘んだ。

「健康優良児・神奈川県代表」に選ばれた神野洋一と田中敬子は、十一月三日に行われる「昭和二十八年度・健康優良児全国選考会」に歩を進めた。とはいえ、甲子園のように各都道府県の代表者が覇を競い合うわけではなく、関係者の審査によって日本一は選ばれた。その結果、栄冠は福岡県の男児と島根県の女児の頭上に輝き、築地の朝日新聞本社講堂で表彰式が行われている。

ただし、これ以降、田中敬子は「健康優良児・神奈川県代表」として、何かと引っ張り出されるようになった。受賞から二年後の一九五五年十月三十日「国民体育大会・秋季大会」（神奈川国体）の開会式が横浜市の三ツ沢競技場で催された。このとき、君が代に合わせて国旗掲揚の紐を引いたのが、神野洋一と田中敬子だった。

開会式には皇族や各国大使と並んで、首相の鳩山一郎も列席している。傍らには自治庁長官（現・総務大臣）の川島正次郎の姿もあった。

この九年後、大野伴睦の急死によって、自民党副総裁と日本プロレスコミッショナーという、二つの役職を引き継いだ川島正次郎が「未亡人は社長から降りてもらおう」と国旗の紐を引いた少女に下す運命が待っていようとは、少女はもちろん、当の川島にとっても、まったく想像のつかないことだったに違いない。

青少年赤十字大会

田中敬子が力道山を初めて見たのは、中学校一年生のときである。

伊勢佐木町の繁華街に設置された街頭テレビで、敬子は動く力道山の姿を初めて見た。父や弟は群衆に交じって喰い入るように見ていたが、十三歳の敬子にとって興味の対象にすらならなかった。

中学二年生のとき、地元の磯子区体育館でプロレスの興行が催された。

「切符が手に入った。敬子も一緒に行こう」と父の勝五郎が言ったが、敬子は断った。

映画なら喜んで行くが、プロレスはまったく関心がなかった。当時の日記にはこうある。

四月二十三日（土）

夕方父と、グランドへ映画を見に行ったの。江利チエミの渡米記念すごかったわ。実演もやったの。なにしろ言葉でいいあらわせないの。野じはとばすし、口笛は吹くし、それに原信夫とシックスシモンズの楽団の演そうが又すごいのよ、うるさいという方がいいかもしれない。

チエミちゃんは、水色のドレスに髪に白いリボンを結んでいたわ。十曲ぐらいうたったわ。どれも知っている歌をね。おもしろかったわ。映画の方は「鬼切り若様」市川雷蔵が主演で松平長一郎になるのすてきだったわ。でもね、内容の意味がはっきりしなかったのは残念だったわ。

他に目だつ人はあまりいなかったわ。何しろきれいだなと思ったのは、長七郎になった雷蔵が

梅を散らしたお召物を着てさっそうと剣をふるうとこだったわ。(原文ママ)

中学校三年生の夏休み前、田中敬子は担任教諭に呼び出された。

「この夏、青少年赤十字の世界大会が岐阜で行われる。世界中から、同年代の少年少女がやって来て交流を深めるんだ。ウチの学校から、神奈川県代表として一人出すことになった。成績優秀な田中に行ってもらいたい」

「青少年赤十字」とは世界七十五カ国が参加する赤十字運動の青少年版で、人種、民族、思想、宗教の区別なく、三泊四日の共同生活を通して交流を深め、創設者・アンリ・デュナンの提唱する赤十字精神の実現を目指して行われるものである。

八月十四日、港区芝大門の日本赤十字社に、十の都道府県の代表者が集合した。いずれも女子ばかりで、十二時三十五分発「急行霧島」に乗車、十八時三十五分に岐阜に到着し、そのまま、入営している。「予期していた旅館と大分違う。環境もよくない。あまりきれいでない」と敬子は日記に書いている。

翌日には世界各国の青少年が集まった。敬子はアメリカ人の「リンダ」「メアリー」と同室となった。英語が思うように通じなかったが、そのことより、全裸ですごすアメリカ少女の風習に腰を抜かしそうになった。

「中国の人やフィリピンの人ともお話をしたり、一緒に踊ったり、早い話が国際交流を一ヵ所でやったの。戦後十年と少しだけど、子供だから深く考えずに楽しくやりました」(田中敬子)

キャンプファイヤーの燃え盛る炎の前で、将来の夢を一人ずつ発表した。「私は外交官になって、世界中を飛び回りたいです」と敬子が英語で言うと、日本人の少女が声をかけてきた。

「あなたも、外交官になりたいの？」

長身で利発そうな少女は、東京都代表の高校一年生だという。

「そうなの。でも、思ったように英語が通じなくて」と敬子がこぼすと「そんなの、どうにでもなるわよ」と少女は笑った。

都立駒場高校一年の少女は「私は高校を卒業したら国際基督教大学に行くのよ」と言った。敬子にとって初めて聞く校名だった。

「あの大学は、授業も日常会話もすべて英語らしいわ。外交官になるのにぴったり」

「そうなんだ、私も行こうかなあ」

「そうなさいよ、私が先に行って待ってるから、一緒に外交官になりましょうよ」

日記にも高校一年生の少女は登場する。

九月五日（水）
今日はとってもうれしいことあったの。
ゲイルから手紙が来たの。
外国のお友達からくるの初めてなので胸がわくわくしちゃった。内容はたいしたことないけど、Eikoと一緒に遊びに来いって書いてあるの。行きたいわ。（原文ママ）

「Eiko」が件の少女である。帰京してすぐ、敬子は少女の住む世田谷区八幡山まで遊びに行った。

四人兄妹の末娘である少女は、高校生なのに音楽誌『ミュージック・ジャーナル』に寄稿するなど、早くもマスコミに出入りしていた。一緒にエルビス・プレスリーのレコードを聴いていたら、隣の部屋から「うるさい、もう少し音を下げろ」と怒鳴られた。

「親父なのよ、頑固でさあ」と舌打ちしながら、渋々ボリュームを摘んだ。父親を「親父」と呼ぶのが敬子には信じられず、一学年しか違わないのも嘘のようだ。

この「Eiko」こそ、日本のジャーナリストの草分けである大宅壮一の三女の大宅映子である。

彼女に六十七年前の記憶を尋ねた。

「青少年赤十字大会に参加したのは、アメリカ留学の話が流れたのがきっかけ。『岐阜でこんな催しがある』って言われて、仕方なく行ったの。憶えてるのは、泊まった場所は野外、屋根があって、パイプの簡易ベッド、下は泥だらけ。それを粗末なベニア板で区切って、国の違う何人かが押し込められた。だから、あれは野営よ。そこに寝泊まりしたの」

「私も英語は全然話せなかったわよ。外国人はぺちゃくちゃ喋って、うるさくて寝られやしない。頭に来て『be quiet!』って怒鳴ったら、シーンとしちゃってさ。『構文を考えるより先に、頭に浮かんだことをすぐ言わないと、英会話って駄目なんだ』って、そのときに気付いたわけ」

志望通り、国際基督教大学に進学した大宅映子は、卒業後は就職、結婚、出産を経て、一九七八年から政府審議会委員、八〇年代からはコメンテーターとして、テレビやラジオに出演するようになる。二〇〇二～二〇〇五年まで道路関係四公団民営化推進委員、二〇二一年まで日本年金機構の理事をつとめている。

ともあれ「外交官になりたい」と漠然と思っていた田中敬子の将来は、都立駒場高一年の大宅映子によって、国際基督教大学という進路とともに、具体的に定まった。

娘心にブルースを

ＪＲ根岸線・関内駅前に老舗の天ぷら屋がある。一八七二年創業、二〇二二年で百五十周年を迎えた「天吉」である。

二〇二三年一月二十日午後、筆者はこの店の暖簾をくぐった。ランチタイムらしく店内は満員、着席するまでに三十分近くを要した。

オルゴール調のサザンオールスターズのＢＧＭが店内を流れるのは、バンドのメンバーにして、桑田佳祐夫人である原由子の実家に由来することは、存外知れた話に違いない。

筆者が「天吉」に足を運んだのは、高校時代の田中敬子について話を聞くためである。原家は昔日の田中家と交流があったのだ。

勘定場に立つ五代目店主・原茂男に話を聞いた。原由子の実兄である。

「祖父母同士が親しかったんです。お互い根岸でしたから。お父さんは警察官でしたっけね。私が三つか四つで、敬子ちゃんが高校生、私も妹も随分と遊んでもらったもんです」

当初は伊勢佐木町に店舗を構えた「天吉」は、茂男の祖父で第三代店主の原源蔵の時代に、一九四五年の横浜大空襲で焼失してしまう。源蔵の長男の弘之は戦後、英語力を買われ港湾関係の仕事に就いた。そこで出会った信子と結婚、生まれたのが茂男と由子である。

その後、弘之は関内に店舗を移転させ、再オープンしている。原由子の自伝にはこうある。

《私が小さい頃の店の周辺は、市庁舎こそあったが、後は原っぱと大岡川というドブ川があるだけで、どちらかというと寂しいところだった》（『娘心にブルースを』／ソニーマガジンズ）

敬子は「原さんは、ウチの二階に住んでたことがあるんです」と述懐する。

「原さんのお宅が自宅を探しているときがあって『ウチに来ないか』って父が声をかけたんです。私が中学から高校に上がる頃で、茂男ちゃんがよちよち歩きで、由子ちゃんが生まれて間もない頃。何年か住んでいて、同じ根岸にいい家が見つかって引っ越したんです」

「原さんには二階を貸してましたかね。三年ほど住んでましたかね。お祖父さんの源蔵さんのことは、私も本当の祖父みたいに思ってました。実際、孫のように可愛がってくれたしね。そう言えば、姉は子守を命じられていました。赤ちゃんのおしめを替えたりして」（敬子の弟の田中勝一）

原茂男は、次のように回想する。

「我々が田中家に居候していたのは記憶にないけど、敬子ちゃんがウチに泊まってったりしたのは憶えている。朝飯を食べて高校に通う、あれは何だったんだろう……」

これについて、敬子はこう言う。

「原さんのお祖母さんがお琴の先生で、週に二度、習いに行ってたんです。帰りが遅くなると、『いいから、今夜は泊まっていきなさい』って言われる。そのことを言ってるんでしょう」

敬子の高校生活は慌ただしく始まった。

開港百年記念英語論文

一九五八年、横浜は「開港百年祭」で、例年になく賑わっていた、五月一日からは「記念式典」「パレード」「仮装行列」などのイベントが開かれ、その一環として、横浜日米協会と横浜ロータリーの共催、ジャパンタイムズと神奈川新聞の後援で「横浜開港百年記念英語論文」のコンクールが行われた。高校二年生の田中敬子は軽い気持ちで応募した。

「練習のつもりだったんです。英文法を間違えずに、自分が思っている通りに伝えたかった。目的はそれだけ。書き上げたときは、満足感と達成感もあったかな」(田中敬子)

論文の内容は「東京との比較論」が中心で「東京が政治都市として発展する一方、横浜は商工業都市として、戦前の勢いを盛り返せばいい」といった内容にまとめたという。

三月中旬の締め切りに間に合ってからは、コンクールのことはすっかり忘れて、日々の生活に忙殺されていた。書き上げた時点ですでに終わった話となっていた。

五月のある日、敬子が帰宅すると、父の勝五郎が待ち構えていたように言った。

「よく聞け、コンクール、優勝したぞ」

「何、それ?」

「百年祭の英語論文だ、忘れたのか」

そう言われて「あっ」と声をあげた。自宅に電話が入ったらしい。

応募総数八十一通の中で、審査の結果、高校二年生の敬子の書いた論文が、社会人、大学生を抑えて特等賞に輝いたのである。神奈川新聞は写真付きで次のように報じる。

《かねて募集中の横浜開港百年の記念英語論文「自由国家群との関連において横浜の将来の役割」は全国から応募八十一通に達し、厳選の結果（中略）平沼高校二年の田中敬子さん（一六）が抜群の成績で特等賞をかち得た》（1959年5月27日付／神奈川新聞）

＊

田中敬子の高校生活も、終わりに差しかかろうとしていた。

クラスメイトの多くは、家事手伝いを次の進路としていた。女子の四年制大学の進学率が僅か2％台の時代である。花嫁修業をして、二十歳前には結婚するのが珍しくなかった。

しかし、敬子は違った。外交官になる夢があった。

青少年赤十字の世界大会で出会った大宅映子の「国際基督教大学に行きましょう」という言葉が、三年経った今も、耳朶に残ったままだったのである。

16歳の田中敬子さん

百年祭記念「英語論文」に特等賞

横浜、日米協会、同ロータリー、日米教育資料交換委員会、文化センター共催、ジャパンタイムズ、本社後援でかねて募集中の横浜開港百年の記念英文論文「自由国家群との関連において横浜の将来の役割」は全国から応募八十一通に達し、審査員が厳選の結果、つぎのとおり入賞が決定、二十九日午後四時から横浜文化センターで賞品の授与式を行う。なお平沼高校二年の田中敬子さん（一六）が抜群の成績で特等賞をかち得た。

◇特等賞 田中敬子（一六）＝平沼高校二年、市長賞、賞状、副賞（一万円）

◇第一部（高校生） ①川崎かなえ（一七）＝ジュネーブ国際学校賞状、副賞（五千円） ②平野昭

賞状、副賞（三千円） ③藤原楽雄 セント・ジョセフ三年、賞状、副賞（二千円）

◇第二部（大学生） ①森田和夫（二二）横浜国大工学部三年、賞状、副賞（五千円） ②井出哲也（二九）早大大学院卒、賞状、副賞（三千円） ③島田章平（二二）慶大経済四年、賞状、副賞（二千円）

◇第三部（一般） ①飯野陽一（三七）上野運輸会社、賞状、副賞（五千円） ②鈴木勝次郎、芦屋市、賞状、副賞（三千円） ③菅谷実（四八）県立上溝高校、賞状、副賞（二千円）

なお全応募者に文化センター賞、全入賞者に本社メダルを贈呈する。

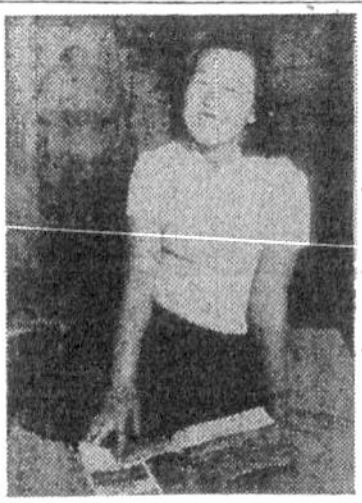

「最高なんて」とはにかむ敬子さん

構想は父とも相談 はにかむ敬子さん

応募総数八十一編（スイスから一編）のなかから、みごと最高賞をかち取ったのは平沼高校二年生の田中敬子さん（一六）＝中区根岸町三ノ一二七＝加賀町署次席田中勝五郎警部（四七）の長女、四人姉弟の一番上だ。英語は好きでさいきん山手英学院にも通っているが、応募原稿など書いたのはこんどがはじめて「最高なんて……」とはにかんでいた。みなとヨコハマは「とかく東京と比較されるが、東京は政治の都市として発展すればよく、横浜はあくまで港を中心にし

「横浜開港百年記念英語論文」で特等賞を受賞したことを報じる
神奈川新聞（1958年5月27日付）

2
章
「皇后陛下に似てるね」

日本航空の国際線のスチュワーデスと。
左から2人目が田中敬子

国際基督教大学（ＩＣＵ＝International Christian University）は、日米のキリスト教指導者による準備委員会をへて一九四九年に創設、一九五三年に開学した新設大学である。

だからといって、簡単に入学出来るわけではない。試験が独特なのである。

現在のＩＣＵの一般入試も、二百五十点満点で合否を決める「Ａ方式」と、一次選考で合格したら二次選考に進める「Ｂ方式」に分かれるなど、異風な内容で知られるが、この時期も、配布した資料を一時間以内に読み込ませ、回収したのち、改めて出題する受験方法だった。

英語に至っては、初めて英語聴解力考査（リスニング）を導入し、内容の理解、分析を問う傾向にあるのは、得点の優劣より、能力考査に比重を置いているからである。

「どの科目も『こういう課題が出ました。あなたはどう考えますか』みたいな問題ばかり。だから、早慶に受かる人でもポロポロ落ちて『東大の方が簡単』って人もいたくらい」（田中敬子）

数週間後、根岸の自宅に届いた通知には「不合格」とあった。

「ＩＣＵを教えたのは私だから『悪いことした』って思ったもんよ。だって、ここじゃなければ、彼女はすんなり大学に受かってたでしょう。人生を変えちゃったんだもの」（大宅映子）

大宅映子も言うように、本来なら別の私大も選択すべきだったかもしれない。国公立を視野に入れてもよかった。しかし、敬子はＩＣＵにこだわった。「外交官になるには、ここしかない」

と信じていたからだ。

「浪人したい」と父親に言うと「お前がそうしたいのなら好きにしろ」と反対されなかった。女子の四年制大学進学率2％の時代に、浪人する女子高生がどれほどいただろう。

一九六〇年春、田中敬子は浪人生活に入った。

当時、横浜市内には目ぼしい予備校がなく、御茶ノ水の駿台予備校まで通学した。横浜から通うのは辟易しないでもなかったが「大学に合格したときの予行演習のつもり」と割り切った。

半年ほど経った頃である。総武線の車内に貼ってある一枚の求人募集が目に留まった。

そこには「日本航空客室乗務員・臨時募集」とあった。

エアガール

日本航空（JAL）の歴史は、戦後復興の歴史とそのまま重なる。

敗戦後、連合軍に占領され、再出発を余儀なくされた日本は「非民主的」とされたものは、徹底して否定され、解体された。

驚くことに、そこに航空も含まれた。戦時中、零戦に痛い目に遭ったからだ。

航空技術者の堀越二郎らによって設計、製造され、開戦前年の一九四〇年に正式に採用された零式艦上戦闘機（零戦）ほど、連合軍を悩ませたものはなかったろう。不時着した零戦を接収した米軍の研究者は「金輪際、日本人に飛行機を作らせてはいけないし、操縦させてもいけない」と舌を巻いた。そのトラウマが、民間航空の再開にまでブレーキをかけたのである。

しかし、一九五〇年六月二十五日に朝鮮戦争が始まると、方針はあっさりと覆される。

翌二十六日「日本国内航空運送事業に関する覚書（ＳＣＡＰＩＮ二一〇六）」が通達され、旅客機を対象とした運航が解除となった。翌年一月には、日本航空創立準備事務所が開設、民間航空事業による認可獲得競争が始まるのである。

楢橋渡（のち運輸大臣）、尾崎行輝（衆議院議員）ら戦前の大日本航空を背景とした一派、藤山愛一郎（のち外務大臣）、高橋龍太郎（通産大臣）ら商工会議所のメンバーを中心とする一派、石川一郎（経団連会長）、山下太郎（アラビア石油社長）ら財界人の一派、さらには東急電鉄を中心とした一派……。彼らはいずれも「日本航空」を社名に掲げて、コンペティションに臨んだ。

その後、楢橋派と石川派の合体、東急グループの合併と整理統合が進み、一九五一年五月十五日、藤山愛一郎を会長、元日銀副総裁の柳田誠二郎を社長とする「日本航空株式会社」が発足、国内民間航空の事業免許が与えられ「東京―大阪―福岡」の三都市を航路とすることも決まった。

開業直前の『読売新聞』（１９５１年7月22日付）に、次の求人広告が載っている。

《エアガール募集　資格20―30歳　身長一・五八米以上　体重四五瓩―五二・五迄　容姿端麗新制高校卒以上　英会話可能　東京在住の方》（同）

「エアガール」とは現在の客室乗務員（キャビン・アテンダント）を指す。この最初の募集に千三百名もの応募が殺到した。百人に一人の狭き門を通過したエアガールは、程なく「スチュワーデス」と呼び名を変える。

総武線の車内で十九歳の田中敬子が見たのは、一九六一年度の臨時募集の貼り紙だった。

「受けてみよう」と敬子は思った。試験には高校時代の内申書が必要で、敬子は母校の平沼高校を訪ねた。三年時の担任教諭だった桂正晃は「大学は諦めたのか」と怪訝そうに尋ねた。

「試験度胸を付けるためです。受かるなんて思っていません」

この試験が、運命を変えることになる。

若いうちしかやれないのよ

当時の日本航空の状況を鑑みると、臨時募集を行った理由が、おのずと見えてくる。

開業から九年経った一九六〇年、保有機を十三機に増やし、それまでは「ダグラスＤＣ６―Ｂ」や「ダグラスＤＣ７―Ｃ」といった旧式のプロペラ機が主流だったが、世界初の超音速旅客機「ダグラスＤＣ８」を買い入れるなど、ジェット機に移行しつつあった。

それには伏線があった。前年の五月二十七日、西ドイツ（当時）のミュンヘンで行われた「第55次ＩＯＣ総会」において、一九六四年の五輪開催地に、デトロイト、ウィーン、ブリュッセルを抑え、東京が選ばれた。

この時点で、国内唯一の国際線就航会社の日本航空からすれば、保有機の増大に併せて乗務員の確保が急務となり、男女とも、客室乗務員の臨時募集を大々的に行ったのである。その結果、東京と大阪で四千人もの応募者が殺到した。

一次試験の会場は目白の学習院大学の校舎が使用され、科目は国語、数学、英語、社会、一般教養。予備校生である敬子にとって比較的容易な設問ばかりで、拍子抜けした。

二週間後、自宅に一次試験合格の速達が来た。嬉しさより「二次試験も受かったらどうしよう」という不安が先立った。目標はあくまでも国際基督教大学合格にあり、将来は外交官になると決めている。ここで日本航空に就職してしまえば、将来の夢が断たれてしまうのだ。

「一次試験に合格したんだから、予行演習をこれ以上やる必要はない。次は辞退しよう」

敬子は十九歳なりにそう考えた。そこに待ったをかけたのが、父・勝五郎の従妹にあたる大谷ユキエである。アメリカ人と結婚して米国に移住していたユキエは、日本に一時帰国した折「二次試験は受けなさい。受かったら、そのままスチュワーデスになればいいのよ」と諭した。

「でも、外交官になりたいんだもの……」

すると、ユキエはこう言った。

「だったら、日本航空を辞めてから外交官になればいいのよ。若いうちにしかやれないことをやらないで、どうすんのよ」

確かにそうだ。それに、今から受かったときのことを心配するなんてどうかしている。

皇后陛下に似てるね

一九六〇年十二月、日本航空・臨時採用の二次試験が、東京駅八重洲口の第二鉄鋼ビルディングで行われた。

まずは、面接である。室内には五人の面接官が居並び、彼らが日航の重役であることは、十九歳にもそれとなくわかった。

中央に座る男性が、敬子を見て言った。

「君は皇后陛下に似てるね」

「は？」

「言われない？」

そう訊かれて「大変、畏れ多いことでございます」と頭の中が真っ白になった。

そこから、何を話したか記憶になく「こりゃ、ダメだ」と肩を落とした。

英語面接は三人一組のグループで行われた。面接官はアメリカ人の男女で、男性はパンアメリカン航空の役員、女性はＮＨＫラジオ『基礎英語』に出演しているらしかった。

同じグループの一人が帰国子女で「こういう人が受かるんだろうな」と敬子は憧憬の眼差しで彼女を見つめた。それに比べて、自分は思うように話せたとは言い難かった。

別室で待っていると、女性社員が入って来て「今から呼び上げる方は、別室に移動して下さい」と言った。

その中に敬子の名前もあった。移動した五十人を前に女性社員は「皆さんは、二次試験を通過しました。明日は慈恵医大で身体検査と体力測定を行います」と告げた。

身体検査は視力検査から行われた。両眼とも１・２で問題なし。八十歳をすぎた今も、田中敬子の視力は１・２のままである。

前日の英語面接で、敬子と同じグループに帰国子女がいたことはすでに触れた。しかし、彼女の姿は途中で見えなくなった。帰り際に彼女の背中が見えて、敬子はすかさず声をかけた。

「ねえ、どうしたの。途中でいなくなったけど」

「実は私、コンタクトレンズなの。黙ってたんだけど、見破られちゃって」

今も昔も日本航空は採用試験において「裸眼で視力1・0以上」と決まっている。操縦士だけではなく、客室乗務員もそうなのだ。

ただし、意外な指摘に敬子自身も肝を冷やしている。健康診断で「あなたは、副鼻腔炎がありますね」と指摘されたのだ。

「副鼻腔炎？」

「ええ、蓄膿ですよ」

診察医は平然と言った。二の句を継げずにいると「まあ、この程度なら大丈夫でしょう」と言われた。命拾いをした気がした。

体力測定は、走ったり跳んだりするものと高を括っていたが、それだけでもない。

「座っている椅子を猛スピードで回転させたりとか、眼をつむって足踏みしたりとか、どれも平衡感覚のテスト。機上は重力がかかるから。これが意外と出来ない」（田中敬子）

最終的に、敬子も含む二十人が残った。全員を前に担当官は言った。

「後日、自宅に合否の通知がいきます」

これまで「健康優良児・神奈川県代表」に選ばれ「横浜開港百年記念・英語論文コンクール」で優勝したりと、相当な倍率を突破してきた田中敬子だが、このときばかりは「運命に委ねる」という言葉が初めて脳裏をよぎった。

数週間後、社印の押された封筒が自宅に届いた。恐る恐る開封すると「合格」とあった。「人生で初めて、心底、嬉しかった瞬間かもしれない。外交官になりたかったくせに、このときは、本当に跳び上がるくらい嬉しかった」

実弟の田中勝一は次のように回想する。

「特にお祝いをしたとか記憶はないです。ただ、凄く驚きました。ずっと『敬子の弟』なんて呼ばれてきたけど『お前の姉さん凄いた』って友人に言われたりもして。まあ、最初から勝とうなんて思っちゃいませんがね」

ともかく、日本航空の客室乗務員としての一歩を踏み出すことになったのである。

研修期間

二百六十人に一人という難関を突破し、日本航空の採用試験に合格した田中敬子は、一九六一年一月から三カ月間の研修に入った。

十五名が合格したが、一人が辞退して一四名の採用となった。結婚が決まったのだという。事実、女性は結婚したら辞めないといけない規約があった。今なら、CAの採用を蹴って結婚する二十代前半の女性は皆無だろう。敬子は男性社員から、こう声をかけられた。

「君は十九歳だそうだね。二十九歳が満期だから、最長十年は飛んでいられるな」

そう言われても実感が湧かず、「はあ」と空返事をするしかなかった。

羽田空港の敷地内にある二階建ての建物が訓練所である。担当教官は強い口調で言った。

「諸君は、遅くとも三月末には初フライトとなる。残された時間は短い。だから、徹底的にやる。付いて来れない者は容赦なく置いてけぼりにするから、そのつもりでいてくれ」

つまり、急造のスチュワーデスを機上に送り込むということだ。敬子もさすがに身の引き締まる思いがした。

研修は試験の出題科目から始まった。これでは予備校と変わらず、日程的に余裕がない分、予備校より厳しかった。また、機内を模したスタジオでは、あらゆる状況を想定しての接遇訓練も行われ「外国人客に英語で話しかけられた場合」「乗客が飲み物をこぼした場合」「怒り狂った外国人客を宥める場合」と複数の場面が想定された。救急法と看護法の訓練では「落ち着くことがいかに大事か」を徹底して教わった。

これらは、提携先のパンアメリカン航空のテキストを参考に施行されたものだったが、日本式の厳しい指導に、涙をこぼす新人は後を絶たない。往年の人気ドラマ『スチュワーデス物語』（TBSテレビ）で活写されたものと、そう大差はなかったのかもしれない。

空港に隣接した体育館と陸上競技場では、体操とランニング、水泳は府中市のプールを借りて行われた。海上に不時着したと想定して、一人ずつプールに飛び込むのである。大きさはさほどもないが、水深3mはあろうかというプールである。全員が必死に泳いだ。

中には浮いているだけの研修生もいた。カナヅチがバレたら地上勤務に回されるに違いなく「あの子、どうするつもりだろう」と敬子も興味深く眺めていると、その研修生はどうにか、泳いでいるように偽装した。

研修は体育を除いて、十五名の男性合格者も一緒だった。彼らも三カ月後には「スチュワード」と呼ばれる機上の人となる。

その中に、風変わりな男がいた。

複雑な彼

二〇二〇年秋に刊行した拙著『沢村忠に真空を飛ばせた男/昭和のプロモーター・野口修評伝』(新潮社)を上梓するにあたり、筆者は六十七名もの人物に取材を行った。

中には、若き日に裏社会を歩いた人物も含まれた。老いた彼はこう言った。

「俺のところに、力道山の結婚披露宴の招待状は三枚も来た」

結婚披露宴の招待状は、大抵一枚で来るものだが、老人は「三枚来た」と言い張る。

その内訳を尋ねた。

「一枚目は新郎の力道山」

興行の世界にも関わった彼は、力道山と顔見知りで「洗車をするたびに駄賃をもらっていた」とも言うし「親分に口を利いてやるから、チンピラをやめてプロレスに来い」と言われたこともあったという。これはよくわかる。

「二枚目は仲人の大野伴睦」

自民党副総裁や衆議院議長まで歴任した大物政治家だが「お前は任侠から足を洗って、俺の書生になれ」と誘われてもいたという。これもわからないでもない。

「じゃあ三枚目は誰だと思う？」

力道山、大野伴睦と来れば、思いつくのは、児玉誉士夫や正力松太郎といった大物だが、いずれも違うという。彼はこう答えた。

「敬子さん」

「え？」

「新婦だよ、田中敬子。ＪＡＬの同期でさ」

ようやく、得心した。渡世を歩いた彼にとって「日本航空の客室乗務員だった奇跡的な三年間がある」というのは、後年のエッセイでも明かすように有名な話で、三島由紀夫の小説『複雑な彼』（角川文庫）のモデルにもなっている。

彼こそ、一九八六年刊行『塀の中の懲りない面々』（文藝春秋）が二百万部を超えるミリオンセラーとなった、作家の安部譲二である。本名・安部直也。彼もまた、一九六〇年の日本航空・臨時採用試験を通過し、翌六一年に入社した男性客室乗務員十一期となる。

安部譲二は当時のスチュワーデスについて、次のような所感を抱いていた。

「あの頃は、スチュワーデスは、はっきり2色に分かれたんです。一つは日本中から選び抜かれたお嬢さんですよ。おそらく、いちばん優秀で、いちばんチャーミングな人の集団でしょう。（中略）それともう一つは、なんてったって国営航空ですから、自民党の代議士が選挙区の有力者の娘を集票マシーンのごほうびに押し込む」（『週刊現代』１９８８年３月５日号）

一九六一年三月末、田中敬子を含む十四名の十九期生は無事、研修日程を通過。敬子も「羽田

―千歳」で初フライトを飛んだ。

ナショナル・フラッグ

三カ月の研修期間を修了し、正式にスチュワーデスとなった田中敬子は、まず、伊東茂平デザインの制服の寸法を合わせた。

「羽田―伊丹―板付（福岡）」「羽田―千歳」と国内線で一カ月ほど経験を積むと、虎ノ門のアメリカ大使館に出向き、担当官の前で宣誓までしながら、パスポートと就労ビザを取得した。

かくして「ヒヨコ」と呼ばれた新人スチュワーデスは、放り出されるように、国際線にシフトされた。

当時の日本航空が、真珠湾攻撃を戦った藤田怡与蔵《ふじたいよぞう》や、ミッドウェー海戦で孤軍奮闘した迫守治《さこもりじ》といった、往年の零戦の勇者をパイロットとして雇い入れていたのは知る人ぞ知る話で、そんな伝説のキャプテンの操縦する旅客機に、採用半年の新人が搭乗していたのである。

ただし、新人といっても報酬は破格だった。一九六一年の大卒の初任給一万二千九百円の時代に、日航に就職したばかりの敬子の月給は一万三千円。加えて、パーディアム（出張手当）が、一回の就航につき三千円（現在の価値で約三万円）も付いた。

直行便のないこの時代、「羽田―ロサンゼルス」「羽田―サンフランシスコ」といった国際線は、太平洋回りならホノルル（ハワイ）、北回りならアンカレッジ（アラスカ）を経由した。南回りのヨーロッパ線はカラチ（パキスタン）を経由し、往復で一週間もかかる。

当然、現地に滞在することになるが「お前たちは、ナショナル・フラッグを背負っていることを忘れるな」と常々上司に厳命され、安い店への出入りはかたく禁じられた。敗戦から十六年しか経っていない時代の日の丸を背負う覚悟は、現代と比較にならない。

パーディアムの支給を決めたのは「戦後航空業界の父」と呼ばれた松尾静磨《まつおしずま》（日本航空第二代社長）である。世界各国の航空事情を視察した折、食費に事欠いた体験から思いついたのだ。

それでも、敬子がパーディアムにまで手を付けることは稀だった。

「アンカレッジは寒いから外になんか出ないし、逆にカラチなんて暑くて死にそう。だから、ホテルのレストランで簡単に済ませるんです。結局、お金なんか使わないのよ」

弟の田中勝一は、姉が高価な土産を持って帰って来ていたことを記憶している。

「珍しい菓子とかね。そういった土産が、茶の間にどっさり置かれていたのを憶えています。こないだまで予備校に通ってたのが、いきなり、高給取りですから不思議でしたよ」

当時、飛行機に乗るのは限られた階層の人たちだけで、敬子が初めてファーストクラスで見かけた著名人は、銀座「おそめ」のママこと上羽秀《うえばひで》だった。

「おそめのママは『夜の蝶』（※川口松太郎の小説。のちに京マチ子の主演で映画化）のモデルになって、よく採り上げられてたでしょう。東京と大阪を飛行機で往復するのは知ってたけど『本当に乗ってる』って驚いたもの」

もう一組は、リズム&ブルースのコーラスグループのプラターズである。

「全員が整列して乗って来て、私が『ハッ』て顔をしたら、一斉に『オンリー、ユー♪』って歌ってくれたんです。これ、本当の話よ」

今日は国内、明日は海外と飛び回る生活は楽しかった。楽しすぎたのかもしれない。

日本航空の懲りない面々

自身の獄中体験を綴った『塀の中の懲りない面々』がミリオンセラーとなり、一九八七年には「流行語大賞」まで受賞した作家の安部譲二が、田中敬子と日本航空の同期入社だったことは、すでに触れた。生前、彼は次の挿話を筆者に聞かせてくれた。

「俺がJALに入ってしばらく経った頃、ウチのお袋が『お仲間をウチにお招きしなさい』って言って、自宅に招待したことがあった。たくさん料理をこしらえて『ウチの子をよろしく』ってお袋が頭を下げて回ってるのを見たら、何だかジーンときちゃってさあ」

筆者は田中敬子も招かれたものと思って「そんなことがあったんですか」と訊くと「私は呼ばれてないの。その日、フライトだったのかな……」と首を傾げた。「それより、ナオ（安部譲二）のことで言うと、こんなことがあって」と次の話を聞かせてくれた。

「ナオって、スチュワーデス全員に『デートしよ』って連絡先を渡してたのに、私には渡さなかったんです。別にそんなものいらないけど、不思議には思っていて。そしたら、あるとき『親父さん警察だろ、渡すわけねえよ』ってこぼしたの。前科がバレると思ったらしいのよ」

以前より、安部譲二は「JALには執行猶予を隠して入社した」などと常々明かしており、警察官を父に持つ敬子と親密になれば、それが露顕しかねないと危惧したのだ。

しかしである。「執行猶予を隠して入社したなんて、絶対にナオの作り話。話を面白くしようとして嘘を言ってる」と敬子は言う。どういうことか質すと「もう、時効かな」と意外な事実を明かしてくれた。

「この頃、仲良くしていた地上勤務の社員からこそっと聞いたんだけど、当時のＪＡＬって就職にあたって、受験者の身辺調査をしていたんです。三親等までの親類や人間関係、学校の成績も全部」

そして、こう付け加える。

「だから、ナオがごろつきだったとか、執行猶予中とか、会社は全部把握していたはずで、それをわかった上で入社させたと思うの。それだけ、彼の実家が会社にとって無視出来ないくらいの家柄だったってこと。そう思わない？」

安部譲二の実父・安部正夫が、日本郵船の社員として世界各国に赴任していたことは、やはり、エッセイなどで読み知ることが出来るが、戦後、日本郵船神戸支社長となったのち、定年退職後は神戸オリエンタルホテルの社長に就任している。

かつての日本郵船重役にして、旧財閥の流れを汲む一流ホテルの社長が、不肖の息子を発足十年に満たない航空会社に潜り込ませることは、どうということはなかったはずで、「すべてを把握した上での入社」という敬子の推察は、けだし事実かもしれない。

息子の嫁に

田中敬子のスチュワーデス生活も一年がすぎた。仕事にも慣れ、毎日が充実していた。「こんな楽しい仕事はない」と思ったし「二十九歳まで勤務するのもいいかな」と思ってもいた。外交官の夢はとうに消え失せていた。

「ローマに滞在したとき『ホテルで時間を潰してもつまんないから、ポンペイ遺跡を観光しよう』って、パーサーとスチュワーデス全員でレンタカーを飛ばして行ったんです。観光を楽しんだんだけど、時間が経つのを忘れてさあ。『門限に間に合わなくなる』って、慌ててハイウェイすっ飛ばして帰ったの。よくエンストしなかったたって思う」（田中敬子）

一緒に住んでいながら、敬子と滅多に顔を合わすことがなくなっていた弟の勝一は「姉さん、先週はアラスカに行ったのか」「今週はまたハワイか」と茶の間に無造作に置かれる写真を見て、世界中を飛び回る姉の消息を知った。

ある日のことである。

田中家に婦人の来客があった。彼女は写真を手に取って「こちらのお嬢さんは、どちらの方ですの」と父の勝五郎に尋ねた。

「ああ、これはウチの長女です」

「お嬢様？」

「そうなんですよ」

厳格な警察官である田中勝五郎が、スチュワーデスの娘を自慢していたのを、勝一は何度も目撃している。

すると、婦人は言った。

「この写真、お借りしていいかしら」

「どうぞ、どうぞ」

婦人は息子の嫁にしようと考えたのだ。

日本航空OB･OG会にて。同期入社の安部譲二（本名･安部直也）と

3章
「サイコロ」

日本航空主催の「国際線南回り開航パーティ」にて

東京六大学野球が、「職業野球」と呼ばれた時代のプロ野球の人気を凌いでいたことは、高齢の読者なら記憶しているかもしれない。

しかし、一九五八年を機に人気は逆転する。六大学のスターがこぞってプロ入りしたからで、長嶋茂雄（立教→巨人）、杉浦忠（立教→南海）、本屋敷錦吾《もとやしききんご》（立教→阪急）、森徹《もりとおる》（早大→中日）、近藤和彦（明治→大洋）が主たる面々である。

中でも、一九五五年の秋季リーグ第三戦で決勝ホームランを放ち、早大を優勝に導くなど、長嶋茂雄と並ぶスラッガーとして人気を博したのが森徹だった。

一九六二年、田中家に来客として姿を見せた婦人とは、森徹の母の信《のぶ》である。田中敬子の写真を見た信は、人気のプロ野球選手の結婚相手として、花形職業であるスチュワーデスなら不足はないと考えたのだ。

「森さんのお宅とは以前から知り合いだったけど、私は誰ともお会いしたことがなかった。ある日、信さんが私の写真を見たら気に入って下さって、写真を持って帰ったんです」（田中敬子）

信が息子の縁談を急いだのは、この年から森徹が、川崎球場に本拠地を置く大洋ホエールズに移籍したことも、無関係ではなかったのかもしれない。関東への復帰を機に身を固めさせようと考えたということだ。

しかし、彼女の目論見は不調に終わる。この年のシーズンオフ、森徹は十九歳の女性と結婚している。すでに、意中の恋人がいたのだ。

ここで、縁談は消失するはずだが、そうはならない。信は咄嗟に閃いた。

「リキさんにいいんじゃないかしら」

プロレスラーの力道山である。

そこで、力道山の主宰する日本プロレスのスケジュールを確認すると、巡業地が北海道であることがわかった。善は急げとばかりに、信はすぐさま東京を発った。

戦前、中国大陸で手広く事業を手掛けていた森家は、大勢の力士の面倒を見ていた言わばタニマチで、力道山もその一人だった。付き合いは、力道山が力士を廃業してからも続いた。

力道山と森徹の対談記事がある。

——森さんと力さんの結びつきというのは随分昔からだそうですね。

森　みんな大学時代に知り合ったと思っているんですよ。だけど何年目になりますかね。

力道山　おまえハナ垂らしていたよ。

森　北京時代、まだ幼稚園に行っておったころ、毎日いっしょにおったからね。（中略）

力道山　僕だけじゃないよ。羽黒関とか戦争中はみんな世話になって、名寄関もみんな世話になってない人はいないよ。森のお母さんに。だけどそういう人はみんなお座敷に招《よ》ばれていったんで、僕なんかそうじゃないものね。（『ベースボール・マガジン』１９５９年2月号）

そんな森徹の母にとって「息子の嫁に」と思った日航スチュワーデスの田中敬子を、旧知の力道山の結婚相手に考え直すのは、さほども突飛なことではなかったのだ。

勢い込んで試合場に現れた信は、力道山に敬子の写真を差し出した。

「リキさん、この人どう思う？」

「どうって？」

「あんたの、お嫁さんにどうってことよ」

このとき、初めて、力道山は田中敬子を見たのである。

スターの結婚

国民的大スターである力道山の結婚話は、これまで、幾度となく浮上してきた。

本人もその意志を隠そうとしなかったし、一九六二年は早々に結婚話が浮上している。

「結婚したいと思っていることは事実です。年内にぜひやりたいというくらい、積極的に考えています。（中略）子どもが小さいと、再婚にもいろいろとむずかしい問題があるが、ここまで成長すれば、もうその心配もない」（『週刊明星』１９６２年４月22日号）

大洋ホエールズの主力打者である森徹の母・信が、札幌まで飛んで、田中敬子の写真を力道山に見せたのは、おそらく、一九六二年十月四・五日に行われた、札幌中島体育センターの興行のどちらかだと思われる。

写真を見せられた力道山は「この人、何やってる人?」と訊き返した。「日航のスチュワーデス」と信が答えると「写真、預かっていいかな」と言ったという。

力道山が手にした田中敬子の写真が、第三者の手に渡ったのが、四日後の十月九日である。この日、力道山は台東体育館での試合前に『週刊明星』記者の美濃部脩を控室に呼んで、写真を手渡すとこう告げた。

「俺の好みはわかっているはずだから、名代になって、どんな人だか行ってみてくれ」

美濃部脩はこう述懐している。

「七、八年前、私は力道山の主演映画の製作に関係している。リキさんとは、それ以来のおつきあいである。そこで、職業がら調査や取材には比較的なれている友人として、私に白羽の矢が立ったというわけだ」(『週刊明星』1963年1月27日号)

そこで、まず、美濃部は横浜の田中家を訪ねた。当人に会うより先に、父親に会って感触を確かめようとしたのである。

しかし、思わぬことが起きてしまう。玄関の呼び鈴を鳴らすと、敬子本人が現れたのだ。

「私はいきなり本人の敬子さんと対面するハメにおちいってしまった。敬子さんは、これからパレス・ホテルで行われる、日航南回り線の開航記念パーティに出かけるところとかで、着かざった和服姿で出てきた」(同)

動揺しながらも「お父さんはいらっしゃいますか」と尋ねると「両親は茅ケ崎の警察官舎に住んでいます。ここには、私と大学に通う上の弟しかいません」と敬子は答えた。

数日後、美濃部は茅ケ崎の警察官舎を訪ねた。週刊誌の記者がここまでやるのは「力道山結婚」という特ダネを掴む以外の理由はなく、それだけ大物スターとの関係性は、記者にとって、今も昔も生命線である。

この時期、茅ケ崎署長に昇進していた田中勝五郎に力道山の意向を伝えると、大変な剣幕で、こう返された。

「一体、どこからそんな話が出てくるんですか、冗談も休み休み言って下さい」

取りつく島もないと思った美濃部は、それ以降は、横浜の田中家の電話を鳴らした。敬子と直接話した方が早いと思ったからだ。

しかし、敬子は常に不在だった。一度、国際線に乗ると一週間は戻らないのである。

「この頃、週刊誌の記者さんから何度も電話がかかってきたのは憶えています。私がほとんど、電話を取りましたから。『お姉さんはいますか』『今はハワイです』『今はパキスタンです』……先方は馬鹿にされてるって感じたかもしれませんね」(田中勝一)

何度かけても繋がらず「脈がなさそうだな」と感じた美濃部は、後日、力道山にこう伝えた。

「敬子さんは、頭が良くて、勘が鋭くて、歯が綺麗で、鼻筋が通っていて、要するに、すべての面でリキさんの好みにぴったりですが、残念ながら、お父さんにその気がまるでないし、本人もほとんど自宅にいないんですよ」

すると、力道山はこう返した。

「そんなにいい女だったら、どうしても会いたい。何とか機会を作ってくれ」

美濃部は唖然となった。そして「もう、手段を選んでいられない」と思った。

力道山との出会い

入社して二年が経とうとしていたこの時期、田中敬子の担当は国際線が大半だった。その上、十月四日から「南回り欧州線」が就航すると「来年からは、パリ便を主に担当してもらう」と上司から告げられてもいた。

ある日「羽田―ロサンゼルス」で、敬子がファーストクラスの座席を見回っていると、乗客の一人に声をかけられた。

「もしや、あなたが田中敬子さんですか」

力道山だった。

敬子は「何で私を知ってるんだろう」と首を傾げた。この頃、自分の写真が力道山の手に渡っていたことも、その意を汲んだ『週刊明星』記者の美濃部脩が周辺を嗅ぎ回っていたことも、まったく知らなかったのだ。

「美濃部さんが私のフライトスケジュールを会社の誰かから聞いたらしくて、ウチに何度も電話をしたみたいだけど、自宅にいなかった。弟も伝えなくて、私を追いかけてるなんて、全然知らなかったんです」（田中敬子）

著名人に名指しされた敬子は、動揺しながらも、顔を赤くしている力道山に「お酒、お好きなんですね」といなした。

「実は、酒は弱いんですよ。飛行機は何度乗っても怖いから、呑まずにいられなくて」

「そうでしたの。でも、怖い方は珍しくないですよ。どうぞ、ご心配なく」

それだけ言って、敬子は静かに去った。

ダグラスＤＣ８はホノルルを経由して、ロサンゼルスに到着した。いつものように空港近くのホテルにチェックインしようとすると、先輩のスチュワーデスから呼び止められた。

「この後、力道山さんが食事会を開いて下さるの。あなた、お会いするの初めてでしょう」

「ええ、そうです」

「あの方はウチの株主でもあるから、必ず顔を出すようにね」

敬子は着替えを済ませると、言われるがまま、ハイヤーに乗せられた。到着したのは、ロス市内にある力道山行きつけの有名レストランで、座の中央に陣取った力道山は、顔馴染みのパーサーと、大声で冗談を言い合っていた。

敬子はその様子を眺めながら、ナイフとフォークをひたすら動かしていた。

広報活動の一環で

十一月に入った頃、海外から羽田に帰還した田中敬子が、横浜の自宅に戻ろうとすると、空港で広報部の社員に呼び止められた。

「今すぐ本社に向かって下さい。部長がお呼びです」

訝しく思いながら、敬子は東京駅前の丸ビル三階にあった日航本社に向かった。待ち構えていた広報部長が単刀直入に言った。

「力道山氏が、あなたにお会いしたいと言っています。私も同席するから、我が社の広報活動の一環と思って、会ってくれませんか」

敬子は驚いた。ロスでの食事会でも、まったく話しておらず、その後は見かけることもなかったからだ。ただ、機内で話しかけられた記憶だけが甦った。

美濃部脩の証言からひく。

「局面を打開するには、第三者の協力が必要だった。私は、日航の広報室のI氏に事情を打ち明けて、協力を頼んだ。Iさんは『まじめな縁談なのだから、会うだけは会ってみるように、田中君にすすめてみましょう』といってくれた」(『週刊明星』1963年1月27日号)

というのも、この時代、日本航空の広報部は、新聞や雑誌の取材のみならず、乗客によるスチュワーデスへの求婚の対応にも忙殺されていた。

例えば、日航客室乗務員第一期の竹田悠子は、機内で丸紅の商社マンに見初められ、丸紅本社から、日航の人事課に身分照会の連絡が入ったことで結婚に至っている。それ以降、株主や政治家、付き合いの深い商社からの縁談が引きも切らず、持ち込まれるようになっていた。

ともかく、力道山と田中敬子の顔合わせが正式に決まった。「一九六二年十一月二十三日、赤坂のホテルニュージャパン喫茶室」と当時の記録にはある。

この日の夜、力道山は渋谷のリキ・スポーツパレスで吉村道明とタッグを組み、ジェス・オルテガ、アート・マハリック組と対戦している。おそらく、興行前の午後に会ったのだろう。

チェックの柄のジャケットを着た力道山が「空の上は人間を孤独にするでしょう。僕はあの気分が好きで」と言えば、ブルーのスーツをまとった敬子も「空手チョップって痛いでしょうね」と訊くなど〝お見合い〟はつつがなく終わった。

別れ際「次のフライトはいつですか」と力道山が尋ねた。

「明後日からロサンゼルスです」

すると、力道山はこう言った。

「ちょうどよかった。ロスにいるグレート東郷さんに渡したいものがあるんで、持っていってもらえないでしょうか」

敬子はこれを「また会う口実」と受け取ったが、美濃部の回想によると「敬子さんに荷物を渡したいんだが、電話をしていいものだろうか」と間に立ってほしいことを匂わせたとある。

これには、美濃部も閉口して「紹介は済んでいるんだから、直接、連絡すればいいでしょう」と突き放した。

ガツンと言ってやる

力道山と田中敬子の交際が始まった。

交際といっても、まだ結婚を前提にしたものではなく、食事をして会話を楽しむという他愛もないものである。それでも、力道山からすれば大きな前進と言えた。

「コースは決まっていました。ホテルオークラで待ち合わせて、ホテルのレストランで食事をし

て、カフェでお茶して、横浜の自宅まで送ってもらう。誰もが知るスターだから大っぴらに外では会えないんです」(田中敬子)

それまではベンツのオープンカーを法定速度以上で飛ばしていた力道山も、敬子が助手席にいると、シートを被せて速度を落として第二京浜を走った。少しでも長く一緒にいるためである。

ある夜、いつものように、のろのろとベンツを走らせていると、後方のキャデラックからクラクションを鳴らされた。キャデラックは赤信号になったタイミングで横に並ぶと、窓を開けて、大声で言った。

「リキさん、何をトロトロ走ってんだよ」

国鉄スワローズのエース・金田正一だった。

「後ろを見ろよ、みんな抜きたくても、抜けずに困ってんだぜ」

「わりい、わりい」

金田は助手席の敬子の姿を認めると「お、邪魔したね、安全運転でー」と言って、軽くクラクションを鳴らして走り去った。

数日後のことである。この夜はいつもより遅くなった。近所の横丁まで差しかかったとき、若い男が自宅の前で腕組みをして立っているのが見えた。

「誰かいる」

力道山が一瞬、気色ばむと、敬子は黙ってうつむいた。ベンツが自宅の前に停まると、男は近寄って、窓を覗き込むように言った。

「どういうつもりですか、遅すぎますよ」

弟の勝一だった。

「姉さんが力道山と付き合っているのは、薄々知ってました。でも、私も大学に入学したばかりだから、姉の交遊関係を詮索するどころじゃない。『でも、このところ遅いよな』とは思っていて、その晩も十一時近かったと思います。親父は茅ケ崎の官舎にいたから横浜の自宅にいない。『だったら、俺がガツンと言ってやる』って思ったんです」（田中勝一）

勝一が詰め寄ると、敬子はぼそっと「弟なんです」と明かした。すると、力道山はすぐさま、外に出て「いやあ、悪かった。本当に申し訳ない」と勝一の右手を強く握った。

「握手しようということなんでしょうけど、掌に感触がある。一万円を握らされてたんです。大学初任給一万円の時代だから大金ですよ。驚いてリキさんの顔を見ると『受け取ってくれよ』って顔をしたんです」

ある夜は、港が見える丘公園に車を停めて、満天の星の下、夜景を見ながら話した。

「このときは、力士の頃の話から始まったんです。『子供が三人いる』とか『今はれっきとした独身だ』とか『プロレスは長く続けられない』とか『引退したらビジネスを手広くやっていく』なとか、真剣な話を聞かせてくれました。それなのに、鈍感な私は『へえ、そうなんですねえ』なんて呑気に言って、その日はそのまま帰ったわけ」（田中敬子）

数日後、従叔母の大谷ユキエが自宅に姿を見せた。父の従妹であり「スチュワーデスを辞めてから外交官になればいい」と背中を押した人物であることはすでに述べた。

ユキエは開口一番「あなた、力道山と付き合ってるって本当?」と訊いた。

「付き合ってるっていうか、時々会ってお食事したり、お話するくらいなもんよ」

「お話って、どんな話をしてるっていうのよ」

敬子が数日前の長話を打ち明けると、ユキエは「えーっ」と声を張り上げた。

「どうしたの」

「それ、プロポーズされてるのよ」

ユキエは重ねて言った。

「でなければ、そんな話はしないもの。それで、何の返事もしないなんて、かわいそうよ」

数日後、父の勝五郎が久しぶりに横浜の自宅に泊まった。夕飯を食べながら「力道山のことだが」と、おもむろに口を開いた。

「付き合ってもいいが、結婚は駄目だ」

敬子は頷くだけで、何も答えなかった。後日、力道山と会ったとき、敬子がそのことを明かすと、力道山は何とも言えない様子だったという。

敬子が日本を留守にしている間、ちょっとした事件が起きていた。力道山がアポイントも取らず、突然、勝五郎の住む茅ケ崎の警察官舎を訪ねたのである。

「いやあ、どうも、すみません」

いきなり現れた国民的スターに、さすがの茅ケ崎署長も言葉を失ったはずだ。力道山は「ここは攻めどき」とばかりに言葉を継いだ。

「腰が悪いとお聞きしました。いい湿布があるんです。選手にも使わせてるんですが、これがよく効くんです。すぐに治ります」

そう言うと、大胆にも官舎に上がり込んで、勝五郎の腰のマッサージまで始めた。

「付き合うのはいいが結婚は駄目」と聞いたことで、関係が進展しない理由が父親にあると睨んだ力道山は、勝負師らしく一気に攻勢に出たのである。

一週間後、フライトから戻った敬子は、勝五郎から、そのことを聞かされて驚いた。

しかし、それ以上に驚いたのは「あいつ、いいやつだよな」と勝五郎自身が軟化していたことである。

回転扉

今のように、インターネットもＳＮＳもないこの時代は、海外で会う分には何の気兼ねもいらない。ある日、力道山が訊いた。

「近々、ロスに長期滞在するんですが、行かれる予定はありますか」

「ええ、今週末がロサンゼルス便です」

「それはよかった。向こうで会いましょう」

力道山が渡米したのは、十二月九日午前十時発の日航機で、滞在期間は二週間。コースは、ロサンゼルス→ボストン→セントルイス→サンフランシスコ→ニューヨーク→シカゴ→モントリオール→ロサンゼルス。力道山のコメントもある。

「今度の渡米目的はほとんどプロモーターとしての仕事だ。アメリカのビッグマーケットをひと回りしてリーグ戦に参加するレスラーを決めてくる」（1962年12月9日付／スポーツニッポン）

現地で落ち合った二人は、サンタモニカまでドライブを楽しんだ。ハイウェイを200㎞で飛ばしたときは生きた心地がしなかったし、五十階建ての高層ビルに上ったときは脚がすくんだ。

次第に力道山に惹かれているのは、自分でもわかった。

二週間後、再びロスで会う約束をした。「ハリウッド・ルーズベルト・ホテルのロビーに午後七時」が待ち合わせの時間である。しかし、約束の時間になっても力道山は現れない。一時間が経過しても来る気配はなく、ホテルのフロントに「何かメッセージはないか」と尋ねたが、何もなかった。

午後九時をすぎた。これ以上は待つ気にならず、立ち去ろうと、ホテルの回転扉を押した次の瞬間、大きな身体の男が派手に走って来るのが見えた。――力道山である。

「大変、大変、申し訳ありません」

額に大汗をかいている。

「どうされましたの」

「いやあ、プロモーターとの打ち合わせが長引いてしまって、本当に申し訳ない」

巨体を折り畳むように、平謝りに謝る力道山を見て敬子は直感した。

「私、この人と結婚するかもしれない」

サイコロ

力道山は予定より六日遅い、十二月二十六日午前四時五分羽田着の日航機で帰国した。

「帰国してすぐ連絡があったんです。『そろそろ、あなたの気持ちを聞かせてほしい』って」(田中敬子)

年内のフライトスケジュールを終えた十二月三十日、敬子は従叔母の大谷ユキエを伴って、赤坂台町(現・赤坂七丁目)のリキアパートを訪ねた。八階が力道山の自宅である。

海外の調度品が所狭しと並べられたリビングで、力道山は初対面のユキエと歓談したのち、おもむろに立ち上がるとこう告げた。

「しばらく、席を外すので、叔母さんと一緒によく考えて、気持ちを聞かせて下さい」

さらに、こうも付け加えた。

「もし、敬子さんに結婚を断られたら、自分は一生独身でいるつもりです」

力道山がリビングを出て二人きりになると、待っていたように、ユキエが口を開いた。

「結婚って、ギャンブルと一緒よ」

「ギャンブル？」

一体、何を言い出すのだろうと思った。

「結婚って『この人』って信じて賭けないと、わからないものよ。だから『絶対に幸せになる』って思いながらサイコロを振るのよ」

「もし、外れたら？」

「外れたら、自分が振ったサイコロなんだから自分で拾いなさい。拾ったら、もう一度振ればいいんだから」

そして、こうも言った。

「力道山は、サイコロを振る価値のある男だと思うわ」

力道山が戻って来た。神妙そうな様子で「返事を聞かせてもらえますか」と尋ねた。

敬子は答えた。

「はい、今日はどのみち、お受けするつもりで参りました。よろしくお願いいたします」

次の瞬間、力道山は再び席を立った。

「心配になって追いかけていったら、隣の部屋で泣いてたんです。私もついもらい泣きしちゃった。二人でおいおい泣いてさ、笑っちゃうでしょう」

かくして、田中敬子は力道山との結婚を決めた。

ただし、振ったサイコロがどう出たか、このときの敬子には、何ら知る由もないことだった。

ハワイにて。左端はパーサーの男性
中央は先輩のスチュワーデス。右端が田中敬子

4章 「保険金詐欺」

力道山と弟のような存在だったプロ野球選手の森徹

国民的大スターだった力道山は、なぜ、田中敬子に何度も求婚をしたのだろう。

「力道山の一目惚れ」という見方が専らではあるが「無類の好色家だから」という声もある。ただ、そうであるなら、結婚を急ぐ必要はなかったはずで、数多いる恋人や愛人の一人に加えたら、よかっただけではないか。

「田中家の資産に目が眩んだ」と口さがない者は言う。しかし、これまで述べてきた通り、敬子の父の田中勝五郎は、警察官にして茅ケ崎署長、階級は警視、年収は現在の価値で一千万円ほど。安くはないが法外でもない。

それでも、力道山は田中敬子と結婚したかった。

その理由を知るためには、力道山がいかなる人物で、いかなる経歴を歩んできたか、把捉する必要がある。

二枚鑑札

力道山光浩は一九二四（大正十三）年十一月十四日生まれ。戸籍名・百田光浩。

誕生年には諸説ある。「一九二二年」というものもあれば「一九二一年」と書く人もいる。妻である田中敬子さえも「実際のところ、あの人が本当は何年の生まれか、私もよくわからない」

と首を捻る。

長崎県大村が本籍地であることに違いはないが、出生地は日本統治下の朝鮮半島である。咸《ハム》鏡南《ギョンナム》道《ド》洪原《ホンウォン》郡（現在の朝鮮民主主義人民共和国の咸鏡南道と江原《カンウォン》道の一部）に六人兄妹の末っ子として生まれた。出生名は金信洛《キムシンラク》。実家は精米店を営み、病弱な父親に代わって、長兄が一家の大黒柱だった。

一九三八年のことである。地元のシルム（朝鮮相撲）の大会で三位入賞をはたした信洛に、一人の日本人が声をかけてきたのだ。

「坊主、日本に来て相撲を取らないか」

朝鮮総督府警察・警部補の小方寅一である。

小方が信洛に声をかけたのは、このとき、朝鮮に遊びに来ていた義父と一緒にいたからだ。長崎県大村の百田巳之助である。

二所ノ関部屋の後援会幹事だった百田巳之助は、信洛の素質に惚れ込み「こいつを日本に連れて帰れば、玉ノ海も喜ぶだろう」と考えた。

二所ノ関部屋の先代の親方である元横綱・玉錦三右エ門が、三十四歳の若さで急死したことで、番付頭だった関脇・玉ノ海梅吉が部屋を継承したのは一九三八年、二十六歳のときである。

現役と年寄を兼務する二枚鑑札で、いきなり親方となった玉ノ海だが、自分より番付の低い兄弟子ばかりに囲まれて、相撲部屋を運営する煩労に直面していた。そのためには、子飼いの弟子が一人でも多くほしかった。

全国各地に点在した二所ノ関部屋の後援会は、若き親方の直弟子を増やそうと、体格のいい有望な少年に片っ端から声をかけた。シルムの大会で好成績を収めた十四歳の金信洛も、その一人だったのである。

「行きたい。日本に渡って相撲を取りたい」

そう答えた信洛だったが、長兄は猛反対をする。末っ子の信洛が父親の介護をしていたからで、それどころか、隣村の娘と強引に結婚させ、渡日させまいとしたのである。

それでも、信洛は家を出た。列車で釜山まで向かって、釜山から関釜連絡船に乗った。家族を捨てる決意で本土に渡ったのだ。

一九四〇年二月、二所ノ関部屋に入門した金信洛は、二所ノ関部屋の名誉会長でもあった宰相・近衛文麿が揮毫した「力心一道」の額から取った「力道山」の四股名を命名されるのである。

保険金詐欺

入門して間もない一九四〇年夏場所に初土俵、一九四四年夏場所では幕下優勝、戦後すぐの一九四六年秋場所後に新入幕をはたし、ここから五場所連続で勝ち越し、西の小結として迎えた一九五〇年春場所で八勝五敗の成績を収め、西の関脇に昇進する。

しかし、ここで肺臓ジストマを患い、三勝十二敗と大きく負け越し、平幕に陥落してしまう。その後は西前頭二枚目を八勝七敗、西小結を十勝五敗と二場所連続で勝ち越し、一九四九年夏場所で西の関脇に返り咲いた。

運命はここで変転する。

一九五〇年夏場所を、西の関脇として八勝七敗で勝ち越しながら、秋場所の直前に、自ら髷を切って廃業してしまうのだ。その理由について「民族差別で大関に昇進出来なかったから」と伝わるが、何より、師匠である二所ノ関親方との金銭的な問題を抱えていた。

「親方とのことは時々口にしていました。『当時の部屋に金が回らなくて、チャンコ銭も俺が肩代わりした。それなのに金を返すどころか〝お前が出すのが当然〟って態度を取られて腹が立った』って」（田中敬子）

元産経新聞記者で、多くの相撲関連の著作を発表した石井代蔵は、著書『巨人の肖像　双葉山と力道山』（講談社）の中で「大関に昇進したら、どれくらい祝儀がもらえるのか」と尋ねた力道山に親方が回答を渋ったことも、廃業の理由の一つにあげている。

これらの記述を根拠に、力道山の強欲さを示す向きもあるが、当時の力道山が金銭的に苦境に立たされていたのは事実である。原因は前述の肺臓ジストマにあった。

「ジストマ」とは吸虫と呼ばれる寄生虫の一種で、体内で巨大化すると、肝細胞の変性、萎縮、壊死が進み、肝硬変へと至る難病だった。食欲不振から、倦怠感、下痢、肝腫大を引き起こし、本場所前に発症した力道山が大きく負け越したのも当然である。

この時代、ビチオノールやプラジカンテルのような特効薬はまだなく、アメリカから輸入した塩酸エメチンとクロロキン内服を併用する以外、寄生虫を駆除する方法がなかった。そこで、莫大な治療費がかさんでいたのだ。

自ら船主となっていた「力道山丸」なる40トンの漁船が、前年十二月に徳島沖で火災を起こし、沈没したのはこの時期である。二百五十万円（現在の価値で二千万円）の保険金のうち、力道山本人も十五万円（同、百二十万円）を手にしている。

火災の原因に不審を抱いた高知地検は、保険金詐欺事件として捜査を進め、船長と機関長を逮捕、船主である力道山の身柄も拘束している。船長と機関長の証言もあって共犯関係は認められず、力道山だけ釈放されたが、治療費の工面に奔走していたことを思うと、本当に無関係だったのだろうか。

また、アメリカの退役軍人と組んで外車販売に着手するも、金を持ち逃げされてもいる。やることなすことうまくいかなかった。

自宅で髷を切ったのはこの頃である。番付や民族差別の問題も根底にあったはずだが、親方から金銭的な援助が受けられない問題が直接の原因だったのは、疑いようがないと言っていい。

資材部長

髷を切った力道山が身を寄せたのが、二所ノ関部屋の後援者である新田新作のもとだった。日本橋蛎殻《かきがら》町一帯を仕切る侠客だが、もとは、右翼活動家・岩田愛之助の主宰する「愛国社」の同人であり、二所ノ関部屋と関係を持ったのも、岩田愛之助が二所ノ関部屋後援会の筆頭幹事だったからだ。

力道山が新田を頼ったのは、二所ノ関部屋の後援者という理由だけではない。戦後すぐ、新田はGHQから復興事業を請け負ったことで、財を成していたのである。

新田新作は、自身の経営する新田建設に力道山を就職させ、資材部長の肩書を渡した。「いっそ、肉体労働に従事しろ」ということで、食い扶持のない力道山はこれに従うしかなかった。

しかし、力士時代の派手な生活が忘れられるはずもなく、翌五一年夏場所後、新田を仲介に立て、大日本相撲協会（現・財団法人日本相撲協会）に復帰願を提出している。

「廃業は勇み足でした。非を認め一から出直します」という事実上の全面降伏である。

横綱・東富士、新横綱・千代の山の口添えもあったし、何より仲介に立った新田新作は、仮設国技館（蔵前国技館）を無償で建設するなど、協会にとって大恩人である。

新田の仲介と、両横綱の後押しもあれば、協会もさすがに無下にも出来ず、力道山の現役復帰を認める方向で動いていたのだ。

シュライナークラブ

この頃、力道山の名前が、毎日新聞に載っている。
《アメリカのトリイ・オアシス・シュライナース日本駐在クラブ（委員長マーカット少将）が日本青少年救済事業の一環として米一流プロ・レスラー招へい計画を二十日発表。第一試合は九月三日ごろ東京の予定で、元拳闘ヘヴィ級選手権者プリモ・カルネラの参加が予定され、エキジビションには昨年引退した力道山が名乗りを挙げている》（1951年7月21日付／毎日新聞）
三カ月後、今度は朝日新聞が、写真付きでこう伝える。

《アメリカから呼んだプロ・レスリングの一団に大相撲の元関脇力道山（百田光浩氏、明治座資材部長）が参加、毎朝芝の水交社で猛練習を行っている。マゲは切っても衰えない三十貫の巨体を躍らせて、なぐる、ける、絞めるの四十八手にない荒業を修業》（１９５１年10月25日付／朝日新聞夕刊）

なお、十月二十八日に行われた力道山のプロレスデビュー戦は、午後七時からメモリアルホール（旧両国国技館）で行われ、黒のショートタイツで登場した力道山は、コーチ役のボビー・ブランズを相手に、十分間戦い抜いている。

ボビー・ブランズ率いる一団が来日したのは、一九五一年九月十六日前後。一団の練習に加わった力道山は、僅か三週間でプロレスを披露しうる水準に達したということだ。

ここで気になるのは、大相撲に復帰を持ちかけながら、にわか仕込みの練習の末に、プロレスの試合に出場している点にある。新聞記事と照合しながら出来事を追うと、意外な事実が見えてくる。

これまで、力道山がプロレスに転向した経緯として「日系人プロレスラーのハロルド坂田と銀座のナイトクラブで喧嘩沙汰を起こし、それを奇貨として、プロレスにスカウトされた」という挿話が流布されてきた。

事実、力道山が出場した十月二十八日の大会に「坂田対アドレ」の記録もある。ハロルド坂田もブランズの一団の一人として来日したレスラーだった。これはファクトである。しかし、七月二十一日付の毎日新聞が報じたように、ハロルド坂田の来日より二カ月も前から、力道山のプロレス出場は報じられている。これもファクトである。

つまり、ハロルド坂田とのトラブルが実際に起きたかどうかはともかくとして、その一件と、プロレスに出場したいきさつは、何ら関係がないということになる。これこそが、当時の力道山が置かれた立場と心情を如実に示すものと見ていい。

興行を主催するシュライナースクラブの視点で見ればわかりやすい。

東京と横浜でプロレスの興行を行うとあって、主催者が興行の目玉を欲したのは当然だった。無名の外国人ばかりで観客が集まるとも、新聞が報じるとも思えないからである。

そこで、白羽の矢が立ったのが大相撲力士だった。中でも、前年に廃業したばかりの元関脇・力道山は適任だったに違いなく、この頃、肉体労働に汗を流していた力道山は、オファーを一も二もなく受けたはずだ。

力道山のプロレス出場話がスムーズに進んだ背景に、興行の中心人物であるGHQ経済科学局長のウィリアム・マーカット少将と、力道山の雇い主である新田新作が、復興事業を通して交流があったことも無視出来まい。

初試合から三週間後の十一月十八日には、トリイ・オアシス・シュライナースクラブと、読売新聞社の共催で「プロボクシング・レスリング大会」が後楽園球場で開かれている。

連続二十五回世界王座防衛記録を持つ元世界ヘビー級王者・ジョー・ルイスが、駐日米軍選抜チームと六人掛けを行い、「金子繁治（笹崎）対佐々木民雄（野口）」ほかプロボクシング六回戦が三試合行われる中、力道山もカナダのオヴィラ・アセリンと十分一本勝負を戦っている。

ただし、力道山にとって、新興のスポーツショーであるプロレスが、この先、大相撲に代わるビジネスになるかどうかまで読めなかったはずだ。とすると、プロレス出場は角界復帰の条件を吊り上げるブラフにも映る。「俺にもまだ商品価値があるんだ」というアピールになり、自身の存在感が再認識されれば、角界復帰も円滑に運ぶからだ。

以上のことから判断する限り、力道山がプロレスに出場したのは、彼の独断というより、新田新作の示唆もあったと見るべきかもしれない。

後楽園球場でのプロレス第二戦を終え、ジョー・ルイス一行に帯同した力道山は、仙台、大阪、横浜と試合を重ねることになる。二カ月間の日程を終えると、ボビー・ブランズは「一緒にハワイに来るか」と誘った。力道山がすぐに首肯しなかったのは、角界復帰と両睨みだったからなのは、残る資料からも疑いようがない。

しかし、力道山の角界復帰計画は成就しなかった。

まず、これまで態度不鮮明だった力士会会長の横綱、羽黒山が反対の口火を切った。

「私個人としては絶対に反対だ。(中略)これを承認したら出入りがはげしくなり力士会としても、また部屋の親方としても困るのではないか。協会は承認するハラでいるらしいが、私にはわからない」(1951年12月27日付/朝日新聞)

さらに、二十八日午後一時から開かれた幹事会では、各部屋の代表理事がこぞって反対し、それに引きずられるように、賛成に傾いていた大半の力士までが反対に回った。

右の現実を突きつけられ、十二月三十日に千葉の市川小学校で行われた「出羽の海・時津風合併相撲」に姿を見せた力道山は「積極的に復帰する意思はない。一月十日羽田を出発してアメリカへ行きレスリングをやる」（１９５１年12月31日付／読売新聞）と明言。角界復帰は完全に潰えた。

これによって、力道山の生きる道は、プロレス以外なくなったのである。

君は力道山を見たか

一九五二年二月三日、元関脇・力道山光浩は、ハワイへと旅立った。

日系人柔道家である沖識名の猛特訓を受け、ボビー・ブランズからはレスリングテクニックを徹底して叩き込まれた。

力道山が真剣にトレーニングに励んだのは、プロレスラーとしての体力を養うこともそうだが、プロレスという新しいビジネスのために、力士時代の肉体を改造する必要があったからだ。

先んじてプロレスに転向していた柔道日本一の木村政彦や、山口利夫に差を付けるためには、旧来の印象を払拭する以外ない。そう考えた力道山は徹底して身体を絞った。

「どれくらい体重は落ちたの？」と尋ねた友人に「五、六貫（約21kg）」と答えている。１３０kgを一年間で１１０kgまで落として、すべて筋肉に変えたということだ。

何が何でも、プロレスを成功させたかった。「入院費やチャンコ銭のことで、金策に走り回るのはまっぴらだ」と思ったはずだし「肉体労働に二度と戻りたくない」とも思ったに違いない。

力道山の決意は、周囲に波及する。

興行師で日新プロ社長の永田貞雄は、自身が経営する築地の料亭「蘆花」を千八百万円（現在の価値にして十三億円）で売り払い、プロレス興行の運転資金に充てた。「こいつの情熱に賭けてみよう」と思ったのだ。後援者である新田新作も、浪花町（現・中央区日本橋富沢町）の資材倉庫を無償で提供した。ここが道場となる。

さらに、政治家や財界人の間を駆け回っては、援助を依頼した。

元東洋フライ級王者で、三迫ボクシングジム創始者・三迫仁志の生前の証言がある。

「リキさんはプロレスを始める直前に、目黒の野口拳闘倶楽部まで挨拶に来たことがあった。ウチの野口進先生は右翼だから、そっち方面の支援がほしかったんだ。力士の頃の面影は全然なくて、リーゼントで香水の匂いなんかさせちゃって、カッコいいんだよな」

日本プロレスリング協会

帰国から四カ月後の一九五三年七月一日、力道山は日本プロレスリング協会を設立する。誰よりも早く公の組織を立ち上げることで、第一人者であることを、世に示したかったのである。

会長には酒井忠正（元農林大臣。横綱審議委員長）を担ぎ、理事長は新田新作。常務理事には林弘高（東京吉本興業社長）と永田貞雄（日新プロ社長）と芸能関係者を据えた。

理事には今里広記（日本精工社長）、加賀山之雄（前国鉄総裁。参議院議員）、吉田秀雄（電通社長）、松尾國三（雅叙園観光社長）、古荘四郎彦（初代千葉銀行頭取）、永田雅一（大映社長）と財界人をずらりと並べ、顧問には大麻唯男（衆議院議員）、太田耕造（亜細亜大学学長）、萩原祥宏（元黒龍会。萩原青年同盟主宰）と右翼人脈から迎えた。相談役には出羽海秀光（大日本相撲協会理事長）を置いている。完璧な布陣である。

どういうことかと言うと、最高位である協会会長に酒井忠正、相談役に出羽海秀光と揃って大相撲関係者を置くことで、角界対策が汲み取れる。「力士をプロレスに引き抜く」という意思表示にも映る。最大の後援者である新田新作を理事長に据えるのは当然として、東京吉本興業の林弘高と興行師の永田貞雄を常務理事に置くことで、芸能人脈で興行を切り回そうと考えた。財界人を理事に並べたのは、早い話がスポンサーということだ。顧問の右翼人脈は裏社会に睨みを利かせたかったのは言うまでもない。

協会を設立した力道山の次なる目標は、旗揚げ興行を行うことである。遅くとも、年内には日本プロレスを船出させたかった。

そんな矢先に、驚愕の報せが入ってきた。

力道山より一年早くプロレスに転向し、大阪を拠点に活動していた柔道六段の山口利夫が「北九州水害義捐・東西重量級大会」と銘打った興行を開催したのである。

七月十八日に大阪府立体育会館で行われたこの興行こそ、実は日本国内で行われた、初めてのプロレスのビッグイベントで、目玉カードは「山口利夫対清美川梅之」となる。

清美川梅之は伊勢ケ浜部屋に所属していた元力士で、最高位は前頭筆頭。美男で鳴らした人気力士だったが、一九四六年秋場所を最後に廃業。それが、突如プロレスに転向したものだから、世間は驚いた。

この報せに力道山は焦った。競争相手の山口利夫が清美川と組んで、自分より先に興行を打つとは、思いもしなかったからだ。

正力松太郎と二つの事件

この時期より、力道山は外国人レスラーの招聘に乗り出すため、東京―ホノルルを何度も往復している。

七月十八日に、大阪で行われた山口一派の興行は合計六試合で、ボクシング経験のある在日外国人をかき集めたものだった。「それなら、こっちは本場のアメリカ人プロレスラーを呼ぼう」と力道山が考えたのは当然だろう。

この頃、プロボクシング世界フライ級王者・白井義男の世界防衛戦が大人気を博していた。テーマは「日本対世界」。つまり「白井義男の世界戦のプロレス版をやろう」ということだ。そのためには、ハワイの大物プロモーター・アル・カラシックの協力が何としても必要だった。

力道山がホノルルで多忙な日々を過ごしている頃、日本国内ではメディアの地殻変動が起きようとしていた。テレビジョンの放映開始である。

前年十月、日本テレビ放送網株式会社が設立され、読売新聞社長の正力松太郎が初代社長に就任する。一九五三年八月二十八日に本放送を開始し、翌日には後楽園球場で行われた「巨人対阪神」が生中継。十月二十七日には「ボクシング世界フライ級タイトルマッチ／王者・白井義男対挑戦者・テリー・アレン（イギリス）」の生中継、十一月十五日には中央競馬「秋の天皇賞」の生中継も実現している。「日本のテレビはスポーツ中継から始まった」と言っても過言ではない。

アメリカでテレビジョンの絶大な効果を目撃していた力道山は、正力松太郎への接触を試みるが、まったく相手にされなかった。理由は二つ考えられる。

一つは、力道山のルーツが朝鮮半島にあったことだ。

一九二三年の関東大震災の折、警視庁官房主事の職にあった正力松太郎は「朝鮮人が暴動を起こす」等の流言飛語を止めるどころか、広める側に立って行動していた。その後ろ暗さが、力道山との面会を躊躇わせたという。

もう一つは、一九三五年二月二十二日午前九時前に起きた事件である。

読売新聞社の正面玄関で、男に日本刀で首筋を斬られた正力は、瀕死の重傷を負った。犯人は「武神会」という右翼団体に属する長崎勝助なる男で、このとき一緒に計画を練り、当日も犯行を見届けてから逃走したのが〝右翼の源流〟頭山満の門下生の工藤雷介なる男だった。

事件から十八年後、共犯者である工藤雷介は再び正力の前に現れた。日本プロレスリング協会の事務局長となっていたのだ。正力が警戒しないはずがない。

この二つの事件が、開局間もない日本テレビから、プロレスを遠ざけていたのである。

NHK

「正力さんと主人の間を取り持ったのは楢橋先生でしょう。何かにつけて、政財界の窓口になっていたのが楢橋先生でしたから」(田中敬子)

右の証言にあるように、第二次岸改造内閣で運輸大臣となる衆議院議員の楢橋渡は、正力松太郎と所縁の深い人物である。

戦後「正力退陣」を要求する組合との間で繰り広げられた「生産管理闘争」の調停に入ったのが、このとき幣原喜重郎内閣の法制局長官だった楢橋渡で、以降、両者は関係を深めていく。

どうにか、正力松太郎と面会が叶った力道山は、プロレス中継の実現を泣訴した。正力は即答は避けたが、それ以降「プロレス中継をやるかどうか」という会議が頻繁に行われるようになったという。

このとき、実質的に日本プロレスの経営を采配していた永田貞雄は、驚くことに、NHKにもプロレス中継の話を持っていった。日本テレビより七カ月早くテレビの本放送を始めたNHKは、海外にも情報網を持っており、アメリカ国内におけるプロレス人気を理解している者が多かったからだ。

これ以降、あらゆることが決まっていく。待望の旗揚げ戦は一九五四年二月十九・二十・二十一日で、会場は蔵前国技館。アル・カラシックとも話がつき、目玉となる外国人レスラーの招聘も決まった。カナダ国籍のプロレスラーで、ベンとマイクのシャープ兄弟である。

念願のテレビ中継も決まった。日本テレビが二月十九日午後七時半〜九時の一時間半、NHKが日本テレビより三十分早い、午後七時〜九時の二時間生中継である。

すなわち、日本におけるテレビのプロレス中継は、NHKと日本テレビの二局同時放送でスタートしたのだ。

独身には貸さない

テレビジョンに現れた力道山ほど、戦後の日本国民に希望を与えたものはなかった。黒いロングタイツの力道山が、東京大空襲で無辜の民を殺し、広島と長崎に原爆を投下した憎きアメリカ人を得意の空手チョップでなぎ倒すと、日本中が欣喜雀躍した。街頭テレビの前に集まった数万人の群衆も、揺れに揺れた。

人気も実力もありながら、番付運に恵まれなかった悲運の元関脇の姿はもうどこにもなく〝戦後復興のシンボル〟へと変身した。多くの人は、そこに力道山のシンデレラストーリーを見たはずだが、実際は、その後も順風満帆だったわけでは決してない。

力道山のタッグパートナーとして、ともにシャープ兄弟と戦った木村政彦との一戦は「昭和の巌流島」と呼ばれ、国技館に札止めの観客を集めて行われたが、木村が完膚なきまでに叩きのめされ、KO負けという凄惨な結末を迎えたことで、以降、日本人同士の大物対決は封印せざるをえなくなった。

それどころか、敗れた木村が「引き分けという約束だったのに、力道山が約束を破って襲いかかってきた」などと発言したものだから、純然たるプロスポーツとして、プロレスを扱ってきた一般マスコミは一斉に手を引いた。これは、大きな痛手となった。

その上、「外人レスラーの反則攻撃に耐え抜いた末に、逆襲に転じる」というストーリーが飽きられたことで、頼みの観客動員も落ち込んだ。

挙句に、最大の後援者である新田新作が、横綱・東富士をプロレスに転向させ、力道山に代わるエースに押し立てようと画策する。実質的な日本プロレスの経営者だった永田貞雄とも、最後は喧嘩別れをするなど、幾度となく窮地に立たされている。

それでも、力道山は新たなビジネスチャンスを摑み、挽回どころか、当初を上回るブームを巻き起こしている。才覚もあったろうが、どちらかと言えば僥倖であり、執念ではなかったか。

田中敬子は「三年経ったら、俺はプロレスを引退する」という力道山の言葉を何度も聞いている。自宅を訪ねた記者に「俺はいつまでプロレスをやんなきゃいけないんだ」とこぼしているのも聞いている。

実はここに、力道山が結婚を急がねばならない、切迫した事情があった。

「銀行って独身には融資しないんですって。メインバンクの城南信用金庫の支店長が『リキさん、早く身を固めて下さい。そうでなければ我々も都合出来ないんです』なんて言ってたらしい。それもあって、あの人は結婚を焦り始めた。そんなこと、私は知りもしない。もう、笑うしかないわよ」（田中敬子）

かくして、求婚を受け入れた敬子には、想定外の出来事が次々と起こるのである。

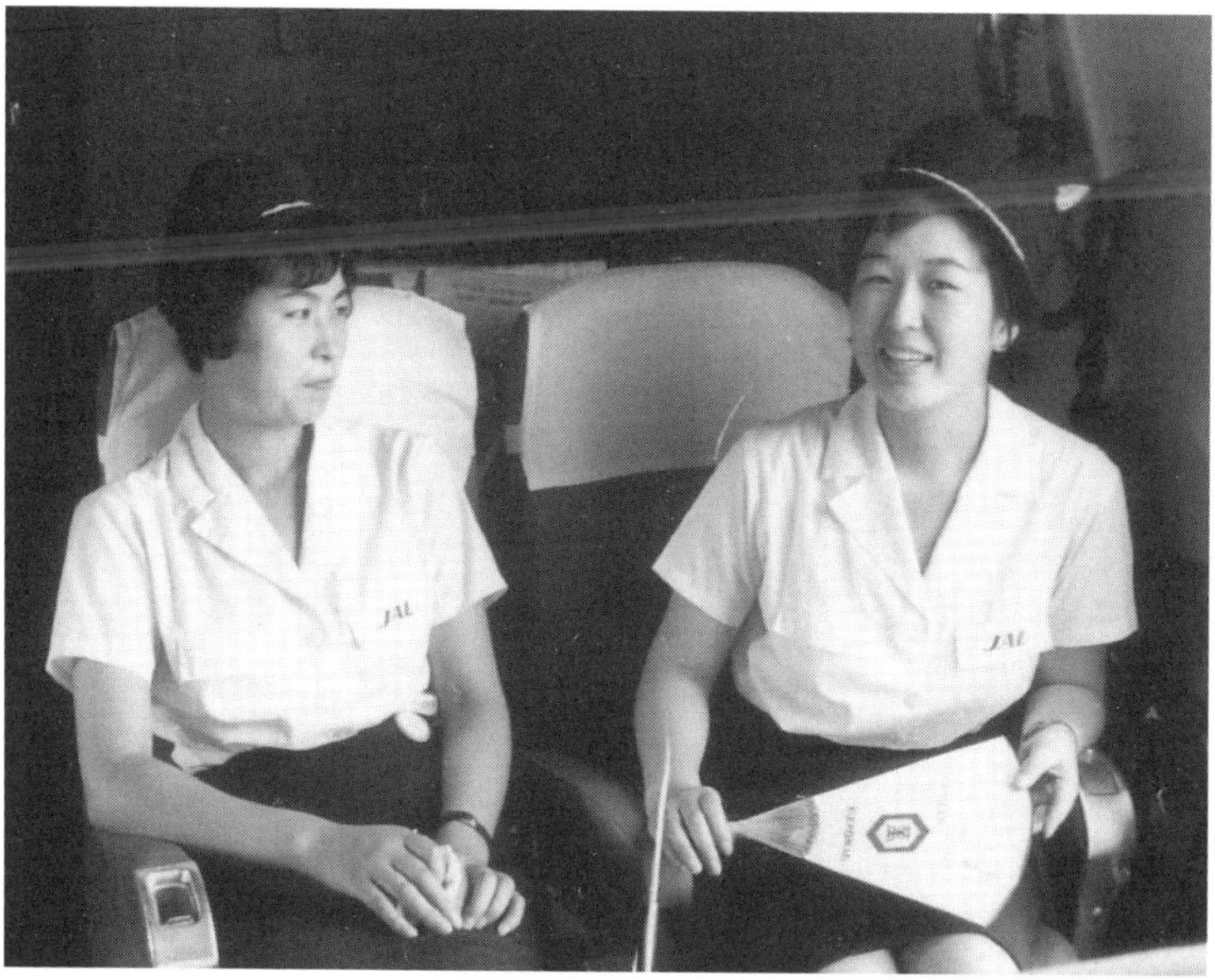

日本航空国内線の機内にて。右が田中敬子

ローマのポンペイ遺跡にて　先輩のパーサーと

ホノルルで操縦士、パーサー、スチュワーデスとクルージングを楽しむ。
右から2人目のサングラスの女性が田中敬子

5章

「生《な》さぬ仲」

1963年1月7日、ホテルニュージャパンで行われた婚約会見

力道山の結婚の申し出を受けた田中敬子の新年は、意外なほど静かに明けた。

二年間勤務した日本航空に退職届を出したのは、大晦日のことである。大半の社員が正月休みに入っており、こっそり辞めるには都合がよかった。というのも「しばらく、会社にも同僚にも、この件は黙っていてほしい」と力道山に懇願されたからだ。

日本航空の同期入社である染谷凱子《そめやかつこ》（旧姓・高楠）が、一連の出来事を振り返る。

「敬子さんとは羽田の訓練所から一緒です。明るくて朗らかで、当時のニックネームは『皇后陛下』。彼女がいるだけで場が明るくなる存在でした。敬子さんの長所はたくさんあるけど、何より人の悪口を絶対に言わないこと。これって、なかなか出来ることじゃない。私の父も敬子さんのことが大好きで、実の娘みたいに思っていましたね。羽田まで車で迎えに来るときは、敬子さんも一緒に夕飯を食べたりしたものです」

「その敬子さんが、力道山さんとお付き合いしていることは、はっきりとは知りませんでした。退職したことも、他の人から聞いたんじゃなかったかしら。それでも、父は『敬子さんにも事情があるんだから、こっちから詮索してはいけないよ。彼女が何か言ってきたら、話を聞いてあげなさい』って言ったんです。私もそう思いました。ただね、敬子さんがもう同じ会社にいないって思うと、それは寂しかった。ええ、そう思った人は、たくさんいたでしょう」

力道山と田中敬子の婚約について、この時点で、田中家の家族以外で知っていたのは『週刊明星』記者の美濃部脩と、力道山の側近の吉村義雄くらいなものだった。

敬子の弟の田中勝一の証言がある。

「記憶が曖昧なのですが、姉さんが『結婚を受けることにした』って報告をしたことがありました。家族全員が揃っていたから、年の瀬でしたかね。私は薄々わかっていましたが、下の弟二人が仰天していたのを憶えています。父は眼をつむって聞いていました。『親父はあのとき、どんな気持ちだったのかなあ』と、今でもふと思い出すことがあります」

実はこのとき、父の勝五郎はまだ、承服しかねていたのである。

破談

田中敬子の父・田中勝五郎は、力道山への不信感を拭えずにいた。

力道山に黒い噂が絶えなかったからだ。

そこで、警視総監の原文兵衛（のち環境庁長官）に事情を話し「力道山の身辺を洗ってもらえないか」と頼み込んだ。

調査の結果「盃を交わしている」というような事実が洗い出されたら「警察官という俺の立場上、結婚を許すわけにいかない」と一気に破談まで持ち込もうと考えていたのだ。

本来なら、茅ケ崎署長が警視総監に依頼する案件でもないのだが、階級を超えて親しく付き合っていた原文兵衛は「俺に任せろ」とだけ言って、引き受けてくれたのである。

数日後、原から茅ケ崎署に連絡があった。

「確かに、力道山は長年にわたって、やくざと付き合いはある」と原は言った。「やっぱり」と勝五郎は心の中でほくそ笑んだ。しかし、原はこう続けた。

「ただし、それは興行上の関わりもあって、やむをえないことだ。構成員でなければ準構成員でさえない。それどころか……」

「それどころか?」

「内部情報をリークしてくれている得難い情報源だ。まあ、心配はいらんだろう」

警視総監直々の報告に、勝五郎は臍を嚙むしかなかった。黙して語らずという態度に、勝五郎の本心が現れていたと見ていい。

「原文兵衛さんと父の間でこういったやりとりがあったことは、後から聞きました。当時は全然知らなかった。だって、父の様子からそんなことを依頼していたなんて、おくびにも出さなかったんだもの」(田中敬子)

年が明けてすぐ、力道山は根岸の自宅を訪れ、勝五郎に正式に結婚を申し出ている。それでも「まだ、内緒にしてくれ。半年後に発表するから」と繰り返した。

「私は世間知らずの小娘だったけど『ははーん、女性関係を整理したいんだな』って勘付いていました。大人のすることだし、興行の世界に生きる人だから、いろいろあるんでしょう。でも、やたら念押しするから、変だなとは思っていて、そしたら……」

何と力道山は、日本航空の別のスチュワーデスとも交際をしていたのである。

「これも、随分と後になって知ったんだけど『実は私も力道山さんとお付き合いしてて』ってある先輩に言われて……。凱子みたいに同期の親友にも黙ってて、心苦しかったんだから」

そんな力道山の目論見も、一本の電話で容易く崩れることになる。

「リキさん、婚約されていますね。週明けの夕刊ですっぱ抜きますから」

電話の主が「夕刊のスポーツ新聞」だったことを、敬子は今も鮮明に記憶している。「夕刊のスポーツ新聞」と言って思い浮かぶのは、東京スポーツである。

東京スポーツは、右翼の大物にして政財界の黒幕である児玉誉士夫が、プロレスを報じながら「親米反共」のプロパガンダを目的の一つに刊行した夕刊紙である。当然、力道山に近く、私生活も大抵のことは把握していた。周辺から漏れただろうことは察しがつく。

急遽、婚約会見を行うことが決まった。

教育勅語の申し子

一九六三年一月七日、日曜日。赤坂のホテルニュージャパン二階宴会場で、力道山光浩と田中敬子の婚約会見が、午後五時から開かれた。

黒のスーツにグレーのネクタイの力道山、続いてシルバーグレーのツーピースに、胸にカトレヤの花を飾った田中敬子が姿を見せると、無数のフラッシュが容赦なく焚かれた。

まず最初に、媒酌人である自民党副総裁で日本プロレスコミッショナーの大野伴睦がマイクを握った。

「天下の力道山君が誰と婚約をするかということを、世間は注目していたのですが、縁は異なもの味なものと申しまして、ここに紹介します田中敬子さんと、こうして、めでたく結ばれるということは、出雲の神のお導きであると、確信いたすところであります」

そして、敬子のことをこう紹介した。

「お相手の田中敬子さんは、横浜市出身。小学校のときに健康優良児に選ばれて、高校生のときには英語作文コンクールで優勝している正真正銘の才媛である。先日まで、日本航空に勤務しており、英語も堪能。教育勅語の申し子として、その教えをそのまま実行する良妻賢母間違いなし。力道山君の配偶者として、最適任と確信する次第である」

続いて、質疑応答に移った。

——知り合ったいきさつは？

力道山「昨年十月の北海道シリーズのとき、森徹君のお母さんが写真を持って来ました。写真を見て『この人なら会ってみたい』と思って、十一月二十三日に初めて会いました。その後、二、三度会っています」

——リキさんのどこに惹かれましたか。

敬子「太平洋上の澄んだ空の中、気さくで、男らしくて、この人だと直感しました。その反面、駄々っ子的なところもあり、わがままですが、包容力もありますし」

——結婚を決意したのは？

力道山「昨年中に結婚しなければ、一生しないと決めていたので、十二月三十日、期限いっぱいで決意したんです。まず、大野先生に連絡して筋を通しました」

――プロレスラーという点については？

敬子「プロレス、相撲、そんな職業的なものは感じませんでした。もちろん、力道山という名前と顔は知っていました」

――危険な仕事だが、どう思いますか。

敬子「本当は早くやめてほしいです。でも、ファンの皆様の希望もあることですから、これ以上は私の口からは」

――家庭設計は？

力道山「年中、家を空けているし、敬子さんには随分と辛い思いをさせると思う。今年は世界選手権のほか、南米、東南アジアなどの遠征もありますが、一家の支えが出来たことで、大いに暴れられると思います」

――挙式はどこで？

力道山「それは、これから考えたいと思います」

大野「私の事務所があるから、ここ（ホテル・ニュージャパン）でやらせたい。とは言っても、このホテルから賄賂をもらっているわけではないよ」

――新婚旅行は？

力道山「ハワイやアメリカは知りすぎているのでスイスに行きたい」

各紙は、美空ひばり、村田英雄、森徹ら各界の著名人のお祝いコメントを載せる一方、東京スポーツだけは、敬子の高校時代の担任教師の桂正晃、クラスメイトの武井美栄子と伊藤光雄、さらには、近所の主婦からも事前にコメントを取っている。

同棲時代

田中敬子の勤務先だった日本航空は、蜂の巣を突いたような騒ぎとなった。

「私もこのとき、初めて知って大変驚きました。同時に、敬子さんの心境が理解出来たんです。しばらくして『黙っててごめんね、びっくりした？』って連絡がありました。実は私より父が心配をして『興行の世界のことだから、敬子さん大丈夫かな』って洩らしてましたね」（染谷凱子）

同じく、敬子と同期入社である作家の安部譲二は、生前「ＪＡＬの歴史を振り返る上で、あの結婚が一番のおめでたいニュースだったよ。だってあの会社、それ以降ろくなことがなかったもん」と独特な言い回しで述懐した。

力道山との婚約を発表したことで、敬子の生活は一変した。赤坂六丁目にあった自動車教習所に通い始め、裏千家十四世家元・千宗室の長女である塩月弥栄子が南青山に構えていた茶室で修業を積むようにもなった。いずれも、力道山たっての希望である。

さらに、急展開を迎える。染谷凱子は、敬子から次の電話をもらったことを憶えている。

「ねえ、今度いつ休み？　ウチに遊びに来ない？」

そう言われて「ああ、横浜まで行くのもいいわね」と返すと「違うのよ」と笑われた。

「今、赤坂に住んでるの。リキアパート」

凱子は仰天した。早くも同棲生活を始めていたからだ。

「何度も『いっそ、ウチに住んでくれ。部屋も空いているし、教習所だって近いから』って言われていたんです。それを父に言ったら『結婚前の娘を同棲させて、喜ぶ親があるかーっ』って凄い剣幕で怒ったの」(田中敬子)

力道山は、すぐさま、勝五郎の前に参じてこう弁明した。

「大変、申し訳ございません。ただ、私は地方巡業でほとんど家におりませんし、家に戻りましても結婚前ですので、寝室は別々にいたします。敬子さんには指一本触れません」

確かに、力道山はほとんど自宅にいなかったし、戻って来ても寝室は別々だった。

それでも、最後の約束だけは、早々に破られることになった。

力道山の秘密

戦争末期、杜撰な計画のはてに、三万人もの犠牲者を出したインパール作戦。その総責任者でありながら訴追を免れ、戦後は都内に隠遁した牟田口廉也中将の赤坂台町の邸宅五百坪が売りに出された。そのことを、力道山の耳に入れたのは児玉誉士夫である。

そこで、力道山は牟田口邸を買い取り、裏の五百坪も買い足して、巨大な建築物を建てた。それがリキアパートだった。

当時としては珍しい全七十七世帯、「マンモスアパート」と呼ばれた鉄筋の大型集合住宅には、水原弘、田宮二郎、伴淳三郎ら有名芸能人が入居し、中庭に造られた瓢簞型のプールは、夏ともなると近隣の住民にも公開され、芸能人が意中の恋人とお忍びで現れては、束の間の逢瀬を楽しんでいた。

そのリキアパートの最上階八階に、力道山と一緒に住むようになって、敬子は初めて知ったことがいくつもある。

まず、本当に自宅に寄りつかないことだ。

シリーズが終わって、東京に戻ってからも、寝る暇もないいくらい働いていたのである。

この時期の力道山は、リキエンタープライズ株式会社、日本プロレス興行株式会社、リキスポーツ株式会社、株式会社リキボクシングクラブ、リキ観光開発株式会社と五つもの会社を同時に動かしていた。力道山のコメントがある。

「オレが考えているのは、ショッピングセンターとレジャーセンターとスポーツセンターを総合したようなものだ。ボーリング、アイススケート、卓球など、あらゆるスポーツが楽しめる。レストランもあるし、ご婦人のための美容室もある。要するに、買いものの時間を節約して、その時間を同じ場所でレジャーや体づくりに当ててもらおうというわけさ」（『週刊明星』１９６３年7月28日号）

つまり、六十年も前に、現在の大型複合施設の構想を抱いていたのだ。

「渋谷のリキパレスまで主人に届け物を持ってったことがあるんだけど、本当にてんてこまい。

びっくりしちゃった。電話がジャンジャン鳴って、あちこちから『社長』って声がかかって、会議やって面会があって……」（田中敬子）

事業はすべてプロレスで得た収益を回して、足りない場合は「力道山」の名前で個人保証という形で借り入れ、運転資金に充てた。すなわち、リングに立ち続けないと回らない仕組みであるのに「あと三年で引退する」と言うのだ。敬子でなくとも無理だと思ったはずだが、力道山自身は「心配ない、それまでに軌道に乗せる」と言い切ったし、実際に着々と計画を進めてもいた。

一九六三年四月三十日、新潟大会のメインイベント、タッグマッチ・六十分三本勝負で、力道山はキラー・コワルスキー、フレッド・アトキンス組と対戦している。パートナーは馬場正平。すなわち、ジャイアント馬場である。

巨人軍の投手から鳴り物入りでプロレスに転向、デビュー早々にアメリカに遠征させていた馬場を、この年の三月に強引に帰国させ、彼の地元である新潟大会で、初めてタッグパートナーに抜擢したのだ。

「馬場さんが特別扱いだったのは一目瞭然でした。力道山先生にとっては早く一本立ちさせて、興行の柱にしたかったんです。タッグパートナーに起用するなんて、その最たるものじゃないですか」（この時期、日本プロレスの新弟子だったグレート小鹿）

力道山は馬場正平を次代のエースに据えることで、三年後の引退に備えていたのである。

女の園

主人である力道山が、ほとんど不在だからといって、自宅に誰もいないかというと、そういうわけでもなかった。

家政婦が三人も常駐していたのだ。

五十代の塩谷という女性を頭に、三十代、二十代の女性が住み込みで働いていた。

力道山の自宅のあるリキアパート八階は、総面積が二百七十平米、普通のアパートなら、八つは部屋を設える広さがあり、家政婦の個室だけで三部屋もあった。ここに、新婦の敬子まで加わると、まるで女の園となった。

教習所とお茶の教室が終わって、自宅に戻っても何もすることがない。家政婦が交代で料理も洗濯も掃除もしてくれるからだ。

「たまには私が料理を」と敬子が言うと、「いいえ、ご主人様よりきつく言われています。奥様は家事をする必要はございません」と年嵩の塩谷が叱りつけるように言った。

「私は『料理の腕を磨かなきゃいけないのかな』なんて相撲部屋の女将さんを想像していたけど、全然その必要がなかった」(田中敬子)

余りに退屈で、たまには、根岸の実家に戻ろうと思わないでもなかったが、里心がついてしまうのはわかりきっている。あるとき、関内まで足を延ばして「天吉」で天ぷらを食べたときである。原家の人たちと久しぶりに顔を合わせただけで、自分が今、どの世界を生きているのか、わからなくなった。

「こないだまで赤ん坊だった由子ちゃんが小学生になってて『私ったら、何をしてるんだっけ』って混乱してしまって」

こういう証言もある。

「彼女が力道山と婚約をしてから一度だけ会ってる気がする。ＪＡＬに就職してからは連絡が途絶えてたのが、久しぶりに連絡があって、確か八幡山まで来たのよ。『あなたの人生って凄いわね』って言ったら『そうなの』って心底、戸惑っていたように見えた。『結婚式の準備が……』なんて話した記憶があるから、あれはおそらく、婚約中じゃなかったかな」（大宅映子）

敬子自身、急激な環境の変化に、ついていけなくなっていたのである。

百田敬子

田中敬子が次に知ったのは、力道山の民族的なルーツについてである。

婚約会見の翌日、力道山は吉村義雄だけ帯同して、突如、韓国に飛び立った。

帰国後、力道山は敬子に「実は、俺は朝鮮半島の生まれなんだ」と明かした。

敬子が「あ、そうだったんですか」とにべもなく答えると、拍子抜けしたように「何とも思わないのかい」と訊き返してきた。

「ええ、何とも思いません。あなたがいい人であれば、何人だろうと、どこで生まれようと、私には何の関係もありませんから」

すると、力道山は大粒の涙を流した。その姿を見て「この人は、ずっと差別されて生きてきたんだな」と深い苦悩と孤独を知った。同時に、力道山の旺盛な上昇志向の源泉が、不当な差別にあることとも理解した。

「小学校のとき仲良くしていた同級生の女の子が朝鮮の子で、頭も性格もよかったから、家によく遊びに行ってたんです。同級生の中には『何であの子んちに行くの？』なんて言う子もいました。でも、まったく気にしなかった。祖母が『差別は絶対にいけない』って言う人で、その影響もあったかな」（田中敬子）

力道山の渡韓について「マスコミには内緒だった」と敬子は記憶するが、実際はそうではない。東京中日新聞一紙が「力道、突然の韓国行き　20年ぶりの母国」と大きく見出しを打ち、すっぱ抜いている。

《プロレスラー力道山は八日、韓国政府の朴一慶文相の招きで空路韓国を訪れた。約一週間滞在する予定。この日、金浦飛行場には韓国の体育協会、レスリング関係者約六十人が出迎えた。（中略）力道山は記者会見で「二十年ぶりに母国を訪問でき感無量です。長い間日本語ばかり使っているので、韓国語はさっぱり」といっていたが、インタビューのあと「カムサ・ハンミダ」（韓国でありがとうの意味）とつけくわえていた》（1963年1月9日付／東京中日新聞）

婚約発表から四カ月後の五月二十二日、敬子は港区役所に婚姻届を提出した。

「長崎県大村市二百九十六番地　百田巳之助　たつの子　百田光浩」の妻として「百田敬子」が戸籍に加わったのである。

新しいママ

最後に知ったのは子供のことである。

「私には子供が三人います。長女と長男と次男で、三人とも今は別の場所で暮らしています。だから、何も心配はいりません」

交際中、力道山は敬子にそう言った。

それが、ある日「今日、子供たちと会わせようと思う」と、いきなり告げられた。

「そんな、今日だなんて、向こうにも都合があるでしょうし」と敬子が慌てて言うと、力道山は「いや、いいんだ」と電話をかけ始めた。

実は、リキアパートの屋根裏部屋の九階に、子供たちは住んでいたのである。

長女の千恵子が十九歳、山脇学園短期大学一年生。

長男の義浩が十七歳、慶應義塾高校二年生。

次男の光雄が十四歳、森村学園中等部二年生。

「お前ら、この人が新しいお母さんだ。これからは一緒に住むんだ」と力道山が言うと、三人はおずおずと頭を下げた。

「このときは本当に言葉がなかった。まさか、上の階にいたなんて全然気付かなかった。でも、家族になるわけだし、みんなあどけない顔をして、年齢的に妹や弟みたいなものだから、仲良くやっていこうって思ったんです」（田中敬子）

芸能誌の『平凡』（１９６３年４月特別増大号）に、家族全員でトランプゲームに興じる一家五人の対談記事が誌面を飾った。

敬子　きょうは、みなさんそろったでしょ。あたしにこうしてほしいということいってくださらないかしら。
義浩　そう改まっていわれると……。
光雄　べつにないよ。仲よくいきましょう。
千恵子　わたしたちの相談相手になってくれればいいのよ。
力道山　そうそう。オレが結婚するといったら、千恵子がいちばんよろこんだね。
千恵子　うん。そろそろあたしも、お嫁入りのことを考えなくちゃいけないでしょ。
力道山　そういうとき、オレに相談できないこともあるだろうし……。ほんとは年とった人をと考えたけど、へんにお母さん風をふかされたらおまえらもいやだろう。長い間なやんだよ。まあ、いい縁にめぐまれた。

敬子は三人と早くに打ち解けた。子供たちにとって、敬子が自宅にいることで、力道山の折檻が著しく減ったからである。

糟糠の妻

力道山は生涯、四人の妻を娶った。

一人目は朝鮮の許嫁の女性。

二人目は京都の芸妓の女性。

三人目は東京の芸者の女性。

四人目が田中敬子である。

「妻」とはいうが、田中敬子以外、全員が未入籍で内縁の妻だった。

「芸妓」とは京都風の芸者の呼び名で、つまり、二人目と三人目は同じ職種となる。

千恵子、義浩、光雄の三人の母親は、二人目の京都の女性である。所帯を構えて五年後、義浩と光雄は力道山が、千恵子は女性が引き取るということで、内縁関係を解消した。

三人目の妻である小沢ふみ子は、力道山より二歳上、花街として有名な芳町（現・中央区日本橋）の芸者だった。

京橋生まれの浜町育ち、叔母が芸者の置屋をやっていたというから、お座敷に出るために生まれてきたような女性と言っていい。

明治座の近くに構えた一軒家に、年端のいかぬ男児二人を抱えて転がり込んできたのが、小結に昇進したばかりの力道山だった。

側近だった吉村義雄は、ふみ子をこう書く。

《ふみ子さんはじつによくできた女性でした。面白でふっくらした美しい人で、物腰も洗練されている。奥さんとしては理想に近いといっていいくらいでした》（『君は力道山を見たか』／飛鳥新社）

ふみ子の力道山評がある。

「百点どころか、百五十点あげてもいいです。第一、人気商売にありがちな浮気話一つないんですからね。家を離れている時は、かならず電話で私の安否を気づかってくるし、子ぼんのうでまったくいいお父さんですわ。こんな古女房になって、なんですけど、キチョウメンさと、人のかげ口をいわない男らしさには今さらながらほれています」（『週刊読売』1956年2月12日号）

そんな頃、京都に置いてきた長女の千恵子が極貧に喘いでいると、風の便りで聞いた。

「千恵ちゃんは苦労したんです。京都では、電気もつかないところで、ご飯も食べられなくて、それは大変だったって」（田中敬子）

程なくして、力道山は千恵子を東京に呼び寄せた。ふみ子は快く受け入れたが、姉の存在を知らなかった義浩と光雄は驚いた。

この小沢ふみ子こそ、プロレス転向前の荒んだ暮らしをしていた力道山にとって、正真正銘の糟糠の妻だった。

そんな円満夫婦も、十年目に破局を迎える。

《気の強い姐御肌の女は苦労時代にこそ有難い女房であった。しかしいまは、この世で「先生」を馬鹿にするただ一人の煙たい存在だった。手切れ金をやって離婚した。別れる間際まで顔を張

り倒されながら、「あんた馬鹿よ」といいつづけた》(『巨人の肖像　双葉山と力道山』石井代蔵著/講談社)

吉村義雄はより具体的に書く。

《力道山がスーパー・ヒーローになってからというもの、プロレスの内弟子やら何やら同居人が一挙にふえて、ふみ子さんの負担も重くなり、それがトラブルの原因になって別れました。わたしの感想では、力道山の急激な出世についていけなかったのだと思います》(『君は力道山を見たか』/飛鳥新社)

力道山が新妻の敬子に「家事は一切やらなくていい」と命じたのは、ふみ子に対する反省と後悔があったのかもしれない。

生さぬ仲

結婚式を一カ月後に控えたある日、力道山がいつになく神妙な面持ちで言った。

「敬子、すまんがヨシとミツを連れて、ふみ子のところに行ってやってほしい」

「私がですか」

「ああ、一緒に行ってやってくれないか」

このとき、小沢ふみ子は座間市内の病院に入院していた。個室のドアを開けると、ベッドに臥せていたふみ子が「よっちゃん、みっちゃん」と声をあげた。二人はすぐ駆け寄った。

「見ないうちに、二人とも大きくなって」

そう言って二人を抱き寄せた。四年ぶりの再会劇を、敬子は黙って見つめていた。

「よっちゃん、あんたいくつになったたい」

「十七」

「みっちゃん、あんたは」

「十四、中等部の二年だ」

「じゃあ、もう一緒にお風呂に入れないね」

しばらくして「あなたが、敬子さんですか」と声をかけてきた。敬子が頭を下げると、ふみ子はか細くも毅然とした口調で言った。

「話は聞いていますよ。あの人の女房になるのは、ちょっと大変かもしれない」

「はい」

「でも、大丈夫よ。それより、みっちゃんが、なまくらでしょうがなくってさ」

「ひどいなあ」

病床にあったふみ子は「たまには二人の顔が見たい。新しい奥さんにも会いたい」と人を介して切望していたのである。

敬子は勇を鼓して尋ねた。

「一つお訊きしていいですか」

「ようがす」

「どうして、あの人と別れたんですか」

生さぬ仲の二人をこうまで愛していたのなら、別れる理由などなかったはずである。

文子は一瞬戸惑った表情を見せたながら、「そうねえ」と笑みを湛えて答えた。

「私はお座敷で育ったもんで、それで親子四人が食べられたこともありましてね」

「ええ」

「それから、プロレスが大きく当たったもんで、暮らしぶりがえらく変わりました。『いい加減、お座敷に上るのはやめてくれ』ってリキに何度も言われたんですが、どうしても、やめらんなかった」

話は終わった。敬子は黙って頷いた。

「それで、籍を入れなかったらしいんだけど『この暮らしは長く続かない』ってふみ子さんは悟ったのかもしれない」(田中敬子)

小沢ふみ子は、二年後の一九六五年十二月二十日、四十二歳の若さで鬼籍に入っている。

結納に際し、横浜の田中家を訪れた媒酌人の大野伴睦(左)。白の着物が田中敬子

6章
「世紀の大結婚」

披露宴当日、イブニングドレス姿の百田敬子

力道山光浩と百田敬子の結婚式・披露宴の日取りは、一九六三年六月五日、会場はホテルオークラ・平安の間に決まった。

六月五日にしたのは、ジューンブライドということ以外に、敬子の誕生日が六月六日であることに起因する。「女性の二十二歳は並び年でよくない」という迷信を憂慮した力道山が「新婦が二十一歳のうちに祝宴を挙げよう」と早急に決めたのだ。

結婚披露宴に社運を懸けていた力道山は、リキエンタープライズ、日本プロレス、リキスポーツ、リキボクシングクラブ、リキ観光開発のグループ五社から社員を一名ずつ選んで、日本プロレス営業部長の岩田浩を総責任者に据えて「結婚披露宴特命班」を立ち上げた。

力道山は、岩田にこう命じた。

「他の支払いは待ってもらっていいから、披露宴に費用を突っ込んでくれ」

それまで、最も盛大だった結婚披露宴は、同じ年の二月五日に、同じくホテルオークラ平安の間で行われた、俳優の高島忠夫・寿美花代夫妻の披露宴で、招待客が八百人、費用が三千万円(現在の価値で一億二千万円)。派手婚の嚆矢である。

力道山は、高島夫妻を超える披露宴を行うことで、日本一の存在であることを、内外にアピールしようと考えたのだ。

手始めに三千通もの招待状が刷られた。力道山の号令のもと、社員総出で郵送作業に取りかかったが、さすがに送付しきれず、媒酌人である大野伴睦事務所が千通ほど受け持つことになった。敬子も日本航空の上司や同僚、小・中・高の同級生に百通ほど送った。日航の同期である安部譲二の自宅に招待状が三通も届いたのは、そのためである。

当初は、大野伴睦夫妻で決まっていた媒酌人だが、父の勝五郎が「仲人は両家から出すのが慣わしだから、ウチからも出そう」と言い出した。挙式を盛大にしたい力道山に異論はなく、勝五郎は実家筋に列なる富山県人で、参議院議員の井上清一（のち京都市長）を立てた。

敬子も準備に忙殺されて、あっという間に挙式前夜を迎えた。

この晩、力道山は不在で、田中家全員がホテルオークラで最後の宴を張った。父・勝五郎、母・佳子、長女・敬子、長男・勝一、次男・永三、三男・岩秀。

「私は高校生で、前夜に家族で泊まったことは憶えていますが、話した内容までは憶えていません。姉さんがあの力道山と結婚することが信じられなかったからです」（次男の田中永三）

終始、口数の少なかった勝五郎が、不意にこう言った。

「もし、気が進まなかったり、何か引っかかることがあるなら、今なら間に合う。結婚は取り止めにしてもいい。後戻りは出来る。俺が責任を取るから心配はいらん」

そう言われて「よしてよ」「大丈夫だって」と繰り返しながら、敬子は「こりゃ、絶対幸せになるしかないな」と誓った。

黙って付いていくだけ

六月五日朝、百田敬子が部屋で朝食を食べていると、着付師がいそいそと迎えに来た。

「そろそろ、準備しないと間に合いません」

支度室に連れて行かれて、手際よく文金高島田を結い上げられ、着付師二人がかりで白無垢を羽織った。その他の衣装は、西陣織の総絞りの色打掛とイブニングドレス。新婦の衣装だけで総額三百万円（現在の価値で千二百万円）にのぼる。

親族の集まる別室に顔を出すと拍手が沸き起こった。新郎と顔を合わせたのはお互いの衣装が整ってからで、紋付き袴で現れた力道山は照れ臭そうに「寸法は、ちょうどよかったみたいだな」と、わかり切ったことを言った。

まずは、午後二時から挙式である。新郎側の列席者は、媒酌人の大野伴睦夫妻、楢橋渡夫妻、新田松江（新田新作未亡人）、小方寅一、森信（森徹の母）、吉村義雄、長女の千恵子、長男の義浩、次男の光雄ら三十名。一方の新婦側の列席者は、媒酌人の井上清一夫妻、「天吉」店主の原源蔵夫妻以外は、田中家の親族十六名で占められた。

挙式はホテルの神殿で行われ、お祓い、祝詞奏上、三三九度、誓詞奏上と、つつがなく終えると、午後四時から千歳の間で結婚記者会見が行われた。

――感想を聞かせて下さい。

力道山　嬉しいです。それだけです。
敬子　大変、嬉しいです。幸せです。
――結婚を機に何か変わることはありますか。
力道山　いや、特に何もないです。これからも大いに活躍しなければいけないでしょうな。
――奥さんはその点どう思っていますか。
敬子　レスリングは早くやめてほしいと思っていましたが、今は続けてほしいと思うようになりました。
――結婚を機に、事業をさらに拡大するという話も伝わっていますが。
力道山　そうですね。思い切って、でかいことをやろうと思っています。
敬子　黙って付いていくだけです。
――新婚旅行の日程を教えて下さい。
力道山　七日に出発、帰国は二十七、八日あたりですね。エール・フランスで招待されているので、モンブランなどヨーロッパを回ります。それと、彼女の希望でアメリカも行きます。私はそう回らなくていいと思ったけど。
敬子　希望を叶えて下さいました。
――アメリカではレスリングも？
力道山　一応そのつもりでいますが、まだわかりません。でも、いい選手がいたら、引っ張ろうと思ってはいます。

世紀の大結婚

結局、招待状は二千七百通ほど送られ、千七百人から返事が来た。

三千人どころか、二千人にも届かなかったことに力道山は不満だった。内閣総理大臣である池田勇人には「五分でいいから顔を出してほしい」と秘書を通じて伝えたが「所用があって行けない」と断られた。

それでも、高島忠夫・寿美花代夫妻の記録を抜くのは確実で、費用も五千万円（現在の価値で二億円）と、名実共に日本一盛大な結婚披露宴となった。

主な列席者は次の通り。

【政界】大野伴睦（自民党副総裁）川島正次郎（北海道開発庁長官）河野一郎（建設大臣）水田三喜男（前大蔵大臣）賀屋興宣（元大蔵大臣）楢橋渡（元運輸大臣）村上勇（元建設大臣）田中栄一（衆議院議員）井上清一（参議院議員）

【財界】関義長（三菱電機社長）大川博（東映社長）永田雅一（大映社長）松尾國三（千土地興行社長）大屋晋三（帝人社長）松尾静磨（日本航空社長）大神一（山一證券社長）今里広記（日本精工社長）森下泰（森下仁丹社長）真鍋八千代（後楽園スタヂアム社長）

【芸能界】三船敏郎（俳優）片岡千恵蔵（俳優）三橋美智也（歌手）村田英雄（歌手）大木実（俳優）田宮二郎（俳優）高倉健（俳優）高島忠夫（俳優）伴淳三郎（俳優）新珠三千代（女優）星由里子（女優）江利チエミ（歌手）高峰三枝子（女優）寿美花代（女優）

【スポーツ界】大鵬幸喜（大相撲）出羽錦忠雄（大相撲）水原茂（プロ野球）白井義男（ボクシング）ファイティング原田（ボクシング）青木勝利（ボクシング）勝又行雄（ボクシング）関光徳（ボクシング）米倉健司（ボクシング）辰巳八郎（ボクシング）

【右翼・裏社会】児玉誉士夫（東京スポーツ社主）稲川角二（稲川会会長）藤田卯一郎（松葉会会長）岡村吾一（北星会会長）田岡一雄（山口組組長）柳川次郎（柳川組組長）町井久之（東声会会長）

問題は受付である。二千人近くの来賓に対応するには、グループの社員総出でも捌き切れず、急遽、敬子の古巣である日本航空のスチュワーデスが駆り出された。

料理に使用された食材は、コッション・ド・レ（子豚の丸蒸し）十頭分、ローストビーフ牛十頭分、伊勢海老千尾、シャンパン百二十本、ウィスキー五百本、ビール三千本、日本酒十斗、コーラ二千本、オレンジジュース二千本。

二人のケーキ職人が十五日間かかって作り上げた、高さ2m50㎝のウェディングケーキには、砂糖30kgが使用され、引出物は蓋にチャンピオンベルトをあしらった宝石箱で、一個五千円相当（同、二万円）である。

「若い衆は全員が揃いの背広を作ってもらって、それを着てオークラに行きました。でも、記念撮影を撮った後は別室に引っ込んだんです。手伝い？　それは社員総出でやったけど、レスラーは駆り出されていません。先生はレスラーをこき使う人ではなかったから」（グレート小鹿）

多くのレスラーが別室で休んでいると、披露宴の責任者である岩田浩が馬場正平を呼んだ。

「お前まで何を休んでるんだ。早く式場に戻れ」

「でも、あんな混雑しているところで、何をすればいいんですか」

「いるだけで宣伝になるだろう。こういう機会に顔を売らなくて、どうするんだよ」

新郎としてスケジュールをこなしながら、フロアに馬場の姿が見えないことに気付いた力道山が呼びに行かせたのである。

披露宴の司会をつとめた人気ディスクジョッキーの小島正雄が「皆さん、期待の大型新人、馬場正平君の姿が見えます。馬場君に激励の拍手を」とアナウンスすると、急に馬場の周辺に人だかりが出来た。「三年後に引退」が現実味を帯びていたこの時期、力道山にとってこの披露宴は、ビジネスの場でもあったのだ。

馬場と対照的だったのがアントニオ猪木だった。率先して式場に出ては「付き人の猪木と申します。本日はありがとうございます」と先々で来賓に声をかけては、料理を取ったり、ビールを注いで回ったりと、ホテルのポーターよろしく立ち働いていた。

「方々から『おめでとう』なんて声をかけられたけど、予定をこなすのに必死。でも、特にトラブルもなかったし、言われるがまま動いていただけだから」（田中敬子）

そうは言うが、列席者である安部譲二は、生前、次のことを筆者に教えてくれた。

「あの結婚披露宴は、そりゃ、たくさんの人が来たから、東京中のごろつきが紛れ込んだんです。ああいう連中は招待状がなくても入って来るわけ。俺なんかＪＡＬの社員として来てるのに、顔見知りが大勢いたから『まずいなあ』なんて思ったりして」

「住吉連合がいて、稲川会がいて、東声会がいて、山口組までいるんだから、何も起こらない方がおかしい。俺が見た限り『足を踏んだ、踏まない』の揉め事は山ほどありました。そういえば、村田さんも来てたんじゃなかったかな。そう、あの村田さんね……」

新婚初夜

午後八時、披露宴がお開きとなると、力道山はレスラー全員を集めてこう言った。

「これだけの料理が余った。酒もビールも呑め。残したら承知せんぞ、ほら行け」

力道山の号令を合図に、若手レスラーは残った料理を必死でたいらげた。ここから、レスラーと社員で二次会が始まった。披露宴を終えた力道山にとって、人心地ついていたのかもしれない。

「俺も必死に料理に食らいつきました。それと、全員が並ばされて、ビールの早呑み競争もやったんです。猪木さんが一番でした。猪木さんがその後、事あるごとにビールの早呑みをやったのは、この披露宴からですよ」（グレート小鹿）

「主人が楽しそうで『ああ、この人はやっと解放されたんだなあ』って思った。だって、どれだけお金と時間を使って、披露宴の準備をしてきたかって。池田総理は来なかったけど、二千人近く集まったし、満足したんじゃないかしら」（田中敬子）

二十三時を過ぎて二次会もお開きになった。ここからは、夫婦の時間である。しかし、部屋に戻った敬子は唖然となった。ホテルのスタッフが、花という花すべてを室内に移していたからだ。

さらに、日付が変わる頃、部屋をノックする音が聞こえた。

「どちらさん？」

「ホテルの者です」

ドアを開けると、バースデイケーキを持ったホテルマンと、吉村義雄以下リキグループの幹部社員が、どやどや入って来た。

「敬子さん、ハッピーバースデイ」

驚いて力道山の顔を見ると「ガハハハ」と高笑いした。

「日付が六日に変わって、ここから、私の誕生日パーティが始まったんです。本音では寝たかったけど、やってくれるんだから、結局、朝まで大騒ぎして」

二日後、力道山と敬子は、レスラーと社員全員に見送られ、ハネムーンに出かけた。

羽田→パリ→モンブラン→ジュネーヴ→ローマ→マドリード→コペンハーゲン→カサブランカ→ロサンゼルス→ホノルル→羽田
世界一周と言えないまでも、世界半周となった。

残りの半周は、また、今度行けばいい。

幸せは永遠に続くのだから。

懐妊

帰国して、しばらく経った頃である。

敬子は体調の変化を感じ取った。やたらと胸やけがする。急いで山王病院で診察してもらうと

「三カ月です」と言われた。

その晩、帰宅した力道山に報告すると、敬子の身体を持ち上げて「やったー」と叫んだ。

それまでも「家事一切禁止」を厳命してきた力道山だったが、本当に何もさせなくなった。長女の千恵子には、短大より敬子の付き添いを優先させるように命じた。

「八月に家族全員で箱根の別荘に行ったんだけど『車はまずかったかな』って走り出してから言うんです。到着してからも神経質で『いちいち大袈裟よ』って言ったら『何を言ってるんだ』って逆に怒られたりして……。幸せだった。春の予定日が待ち遠しかった」（田中敬子）

力道山は、変わらず多忙を極めていた。

この前後、かねてから進めてきたレジャーランド計画が報じられている。相模湖畔の南側一帯の五十二万坪の土地に、ゴルフ場、レース場、遊園地、ホテル、ショッピングセンターを建設する壮大な計画である。完成予定は一九六四年九月。すなわち、東京五輪の開幕に合わせるためだ。

「総工費十億円」（現在の価値で約五十億円）という大計画だが、当然、大金が注ぎ込まれた。それらはプロレスで得た利益で賄うしかなく、到底すぐ回収出来るはずもなかった。すべての事業が軌道に乗った十年後に返済出来るという試算が立った。気の長いどころの話ではない。

その話になると、力道山は「心配ない、東京オリンピックで潮目が変わる」と言った。

「主人は『オリンピックを機に土地の値段が上がる。暮らしも変わる。東京が変わる』って言い続けていました。あれほどオリンピックを心待ちにしてた人はいなかったくらい」

力道山にとって、東京五輪とは何だったのだろう。

南北統一チーム

時計の針を二年前に巻き戻す。

一九六一年十一月、豪雨の中を一台のリンカーンが、新潟港に向かって走っていた。運転席には力道山、助手席には大阪市内で手広く事業を手掛ける、在日朝鮮人男性の姿があった。彼の名を金永弼《キムヨンピル》という。

彼らが新潟港に急いだのは、新潟と北朝鮮の清津《チョンジン》を往復する帰国船に乗り込むためである。力道山との対面を心待ちにする、二人の人物が帰国船に乗っていたのだ。

次兄の金公洛《キムコンラク》と、娘の金英淑《キムヨンスク》である。

4章で詳述したように、日本統治下の朝鮮半島で生まれた力道山（出生名・金信洛）は、少年時代にシルムの大会で好成績を収めたことで、日本人警察官の小方寅一にスカウトされ、二所ノ関部屋に入門した。その直前に隣村の娘と結婚しているが、振り切るように渡日したいきさつもすでに触れた。

許嫁との結婚生活は短かったが、関取に昇進した直後の、一九四二年六月十六日～八月九日の約二カ月間、朝鮮から満洲（現・中国東北部）に至る慰問巡業に同行した力道山は、許嫁と二年ぶりに再会し一夜をすごした。

娘の金英淑が生まれたのが翌年三月である。本当に力道山の娘なのか懐疑的に見る向きもあるが、出産時期と残された写真の印象から、実娘である蓋然性は低くないと筆者は見ている。

それから十九年後、肉親と対面が実現したのは、一九五九年十二月から日朝間で始まった「帰還事業」がきっかけだった。新潟―清津を往復する連絡船を通して次兄が手紙を書き送ったのだ。手紙を力道山に直接手渡したのは『朝鮮通信社』編集局長の李衡九《リヒョング》なる人物である。『朝鮮通信社』は北朝鮮の国営通信社『朝鮮中央通信』と連携関係にあり、在日本朝鮮人総聯合会（朝鮮総連）とも密接な関係にあった。手紙を受け取った力道山は、朝鮮総連の関係者と極秘裏に面会を重ね、この日の対面が実現したのである。

船内で大歓迎されている力道山に、次兄の金公洛は「私は朝鮮労働党の要職に就いている」と明かし、娘の金英淑は「来年から平壌体育大学に進学して、バスケットボールに打ち込む」と告げた。いずれも、北朝鮮の最高権力者・金日成の配慮によるものだという。

力道山は、英淑にこう返した。

「五輪代表に選ばれて三年後の東京五輪に出場しなさい。今度は東京で再会しよう」

ただし、一つ問題があった。このとき、北朝鮮は国際オリンピック委員会（ＩＯＣ）に加盟しておらず、五輪参加資格を有していなかったのだ。

一九四七年のストックホルムで行われたＩＯＣ総会で加盟が認められ、ロンドン、ヘルシンキ、メルボルン、ローマと、選手団を派遣してきた韓国とは対照的に、北朝鮮が対外的に活動する場合は、韓国オリンピック委員会（ＫＯＣ）の指示を仰ぐ必要があり、当然ながら、ことごとく黙殺されてきた。

それが、突如として風向きが変わる。

力道山が娘の金英淑と再会して七カ月後の一九六二年六月、モスクワで行われたＩＯＣ総会で、次の方針が決まった。

「韓国の代表者は九月一日までに北朝鮮の代表者と話し合って、南北統一チームの結成に動くこと。これに従わないと、東京五輪は北朝鮮の単独チームでの参加を認める」

この決定を受けて、板門店での会談を提案した北朝鮮に対し、韓国は「ＩＯＣを通じてのみ、話し合いに応じる」と直接対話は拒んだ。軍事クーデターで誕生し、反共を国是に掲げる韓国の朴正熙政権にとって、北朝鮮との統一チームなど受け入れられるはずもなく、かといって、単独チームを認めることも出来ない。韓国政府は自縄自縛に陥っていたのだ。

見かねたＩＯＣは、スイスのローザンヌで南北の代表者会議を斡旋したが「出場選手を決める予選を行う」「役員を選出する」「団歌は『アリラン』にする」という三点のみ合意に達し、国旗と名称は棚上げとなった。

その後もＩＯＣの仲介で、香港で二度にわたって会談が行われたが、事実上決裂する。

東京五輪を一年後に控えた一九六三年十月十日、西ドイツ（当時）のバーデンバーデンで行われたＩＯＣ総会で、南北統一チームの計画は消滅、韓国と北朝鮮のそれぞれが東京五輪に出場することが発表された。

力道山にとって、北朝鮮の単独出場が認められただけでも大きな前進だった。前年四月十五日に五十歳の誕生日を迎えた金日成に、愛車のメルセデス・ベンツを贈るなど、この頃、彼の軸足は北に置かれていたからだ。

親戚

この頃、敬子の身の上にも、不思議な出来事が起きていた。

「今日、親戚を名乗る者が家に来るから」と出勤前の力道山に告げられたことに始まる。

「親戚の方？」

「ああ、本当の親戚ではないけど、何か渡されたら、黙って受け取ってくれればいい」

午後になると、力道山の言った通り、親戚を名乗る男が自宅を訪ねてきた。

敬子が応対すると「これを先生に」と小さな箱を渡してすぐに辞去した。すると「私が預かります」と家政婦の塩谷が持っていってしまった。こういったことが何度かあった。

「箱の中身は？」と筆者が尋ねると「それが、わからないのよ」と申し訳なさそうに言う。

「だって、新婚でしょう。無断で開けていいと思えなかったし……。でも、こうやって『親戚』が訪ねてくることは、その後もありました。全員が男性で親戚を名乗るくらいだから、おそらく、朝鮮半島出身の人だったと思う。韓国か北朝鮮かどちらかはわからないけど、全員が日本語を話していましたね」

肉親の存在や金日成にベンツを贈る関係性を思えば、彼らが北朝鮮の関係者だった蓋然性は低くない。理由は様々だったはずだが、主に五輪に関することだったのではないか。五輪初出場を目前に控えた北朝鮮にとって、本国に身内を持つ力道山は、開催国の日本において誰もが知る著名人であり、政界の大物とも通じた重要人物だったからだ。

『力道山伝説』（朝鮮青年社）などの著書を持つ作家の李鎬仁《リホイン》は「北朝鮮選手団の渡航資金や宿泊施設の手配を、力道山が担うことになっていた」と書く。実娘がバスケットの代表チーム入りを目指している立場上、さほど荒唐無稽な話ではないのかもしれない。

これらの話から勘考するに、親戚を名乗って自宅に姿を見せたのは、朝鮮総連の人間だったと想像がつく。

南北統一

この頃、力道山は五反田で焼肉店を経営していた陳溟根《チンメイコン》なる人物を頻繁に訪ねている。同郷の幼馴染で、敬子も「五反田の林さん」として記憶していた。赤坂の自宅にも姿を見せているし、結婚披露宴にも列席している。

力道山は陳溟根に対し、時折こう言った。

「お前が死んだら、俺が骨を持ってってやる」

故郷への帰還を念頭に置いた発言に聞こえる。筆者も帰化説のすべてを肯定出来ずとも、一理あると考えていた。

これに対し、敬子はやんわりと否定する。

「帰化は絶対にないと思う。だって、私が見る限り、本人は日本人になり切ろうとしていましたから。それに、帰化するつもりなら、ここまで事業を拡げないでしょう。相模湖畔の計画なんて、今のお金で五十億ですよ。どうせいなくなるなら、そんな大金を用立てる必要ないもの」

それはそうかもしれない。一九五九年からの帰還事業で、多くの在日朝鮮人が北朝鮮に帰国したが、中には資産家も多く、彼らはその大半を処分して北朝鮮に渡った。力道山が本当に帰化するつもりなら事業を拡大させないだろうし、そもそも、田中敬子と結婚しないだろう。

ただし、帰化はせずとも、日本国内で北朝鮮を支援することは考えたのかもしれない。

「主人の悲願は南北統一。それは聞いていました。日本は韓国とも国交を回復していなかったから『南北一緒に日本と国交を結んでほしい』って思っても不思議はないし、むしろ、自然な気がしますね。東京オリンピックを、その機会と捉えてもおかしくはないし」

こうした力道山の意向が、すべての人に歓迎されなかったのは事実だろう。

単独で韓国と国交正常化を目指す勢力も少なからずいたし、それらの多くは、力道山に近しい存在ばかりだったのもまた事実である。

その代表格と言えるのが大野伴睦であり、児玉誉士夫であり、朝鮮総連議長・韓徳銖《ハンドクス》の殺害まで計画していた町井久之（鄭建永《チョンゴニョン》）だった。

彼らにとって、肉親の存在に心を動かされ、金日成にベンツを贈り、「南北統一」を声高に叫び始めた力道山は、一体どんな存在に映っていただろう。

一九六三年十二月八日を迎えたのは、まさに、その渦中のことだった。

田中家親族と並ぶ馬場正平(ジャイアント馬場)と大木金太郎

7章

「ニューラテンクォーター」

在りし日のニューラテンクォーター
（写真／産経ビジュアル）

一九六三年十二月八日、日曜日。

午後四時すぎに店の鍵を開けた山本信太郎は、事務所に設えたデスクに着くと、改めて昨夜の出来事を思い起こしていた。

師走に入って初めての週末とあって、店内では酔客絡みのトラブルが頻発し、事務所に控える用心棒が何度もフロアに出張るより仕方がなく、オーナーである山本自身も店内を走り回るはめとなった。

日曜の赤坂は、その喧騒が嘘のように緩やかにすぎ、山本は淹れたコーヒーの香りを味わいながら人心地ついた。

赤坂見附の交差点から日枝神社に向かって数歩進むと、地上三十八階、地下三階のプルデンシャルタワーにぶつかる。かつて、ここにホテルニュージャパンが建っていたことを知る人も、今では少なくなったかもしれない。

一九八二年二月八日未明の火災で焼失したこのホテルは、力道山にとっても所縁が深く、婚約会見もここなら、自民党副総裁にして日本プロレスコミッショナーの大野伴睦もここに事務所を構えていた。

ホテルと隣接する地下にあったのが、ニューラテンクォーターである。

一九五九年十二月十四日オープン。ルイ・アームストロング、アール・グラント、サミー・デービス・ジュニアといった有名エンターテイナーのショーを連日催し「東京の夜を変えた」と言わしめたナイトクラブである。

オーナーは山本信太郎で、このとき二十八歳。

「中洲のキャバレー王」と呼ばれた山本平八郎を父に持ち「児玉誉士夫の片腕」と呼ばれた吉田彦太郎を伯父に持つなど、右翼人脈の系譜に列なる彼が、福岡大学卒業と同時に上京し、大人たちに命じられるがまま、青年社長として店を切り盛りしていたのである。

米寿をすぎた現在も多忙な毎日を送る山本信太郎は、表参道ヒルズの騒々しいカフェで「リキさんとは、オープンしたときからの付き合いで」と笑みを湛えながら言った。

「この店が出来た背景に児玉先生がいたり、元黒龍会の萩原祥宏先生がいたり、伯父の吉田彦太郎がいたものだから、その関係でリキさんも随分と近くにいました。リキさんと初めて会った夜に『信太郎さん、一緒に東京の夜を変えよう』なんて言われて、私は天にも舞い上がるような気分だったんです」

以降、力道山は頻繁に店に顔を出すようになった。酔態が原因でのトラブルは日常茶飯事、その都度、青年社長は小柄な体を折り曲げて釈明に忙しかった。

苦い顔を向けると「また、やっちまった」と、決まって、ばつの悪そうな顔を向けた。

どうしても憎めない力道山は、太陽のような存在だったのである。

かっちゃん

十二月八日、ニューラテンクォーターのフロアは、昨夜と打って変わって静まり返っていた。

この日のステージは、黒人コーラスグループのワンダラーズが、閑散とした客席に向かって、美しいハーモニーを響かせていた。

「客数は週末と比べて半分以下。でも、のんびりする日曜も全然嫌いじゃなくて」と山本信太郎は六十年前の夜を回想する。

山本がフロアを回ると、よく知る顔が視界に入った。座席に近付いて、彼の耳元に顔を寄せる。

「かっちゃん、今日は見ない顔を連れてんじゃないの」

住吉連合の若いやくざ、村田勝志である。

山本は村田がいつもと違う、別の女性と一緒なのを冷やかしたのだ。村田も苦笑しながら、山本を睨んだ。

村田もまたニューラテンクォーターの常連で、日曜夜の空いている時間に、酒とショーを楽しもうと考えていたに違いなかった。

「村田がこの日に来た理由もわかるんです。彼には銀座のホステスのガールフレンドがいて、いつも一緒に店に来てました。でも、この日に限って違う子を連れていた。客入りが多いと『村田のやつ、別の女を連れてる』ってバレるじゃないですか。だから、客足の少ない日曜にこっそり来たんでしょう」

午後十時すぎ、山本が事務所で雑務を片付けていると、フロアマネージャーの長谷川昭一郎から内線が入った。

「この後、リキさんがお見えになります」

「へえ、こんな日に珍しい」

「到着次第、お知らせします」

山本は「多分、大人数だろうな」と察した。

朝丘雪路ショー

前夜、浜松で日本プロレスの年内最終興行を終えた力道山が、予定を変更して、翌朝早くに帰京したことは序章で述べた。

正午すぎから、高砂親方を交えて赤坂の自宅で宴を張って、午後六時になって「千代新で呑み直す」と言い残して自宅を後にした。

老舗料亭の千代新では、吉村義雄らグループ会社の幹部に加え、ビジネスパートナーでもある悪役レスラーのグレート東郷、前夜、力道山と六人タッグマッチで戦ったザ・デストロイヤーまでもが合流しての大宴会となった。

ただし、この日は午後九時からTBSラジオ『朝丘雪路ショー』の収録が入っており、午後八時すぎに番組のディレクターが千代新まで迎えに来た。高砂親方とザ・デストロイヤー、付き人のアントニオ猪木を除く七名が、そのまま、TBSの社屋まで徒歩で移動した。

ラジオ番組『朝丘雪路ショー』は、毎週水曜日午後七時からの一時間番組。メインパーソナリティは元タカラジェンヌの朝丘雪路で、週替わりホストをパートナーに、①「喫煙室」（オープニングトーク）②「雪路小劇場」（ラジオドラマ）③「ゲストコーナー」（メイントーク）の三部構成で進められるトーク番組である。

ちなみに、十二月四日放送回の週替わりホストはフリーアナウンサーの芥川隆行で、ゲストは歌手の伊藤久男。翌週十一日放送回の週替わりホストは俳優の小沢昭一で、ゲストは巨人軍の藤田元司と王貞治となっている。

おそらくだが、八日に収録した力道山の出演回は翌々週の十八日だったはずだ。この日の週替わりホストが俳優の牟田悌三だったことは、生前の朝丘雪路が証言している。

午後九時すぎに収録が始まった。しかし、数分も経たないうちに、ディレクターは副調整室の隅に吉村義雄を呼んでこう告げた。

「これでは番組になりません。ボツにさせていただきます」

泥酔していた力道山は、完全に呂律の回らない状態だったのだ。

とはいえ、ブースの中の本人にそのことを伝えるわけにいかない。村田英雄の『王将』を歌うなど、いたく上機嫌だったのである。

なお、力道山がゲスト出演する予定だったと思しき十二月十八日の『朝丘雪路ショー』は休止となり、ジャズ評論家のモンティ本多を司会に迎え『大学対抗バンド合戦』なる番組を二週にわたって放送している。

これが、差し替えられた特別番組なのか、もしくは、当初からその予定だったのかは判然としないが、ともかく、十二月八日に収録した『朝丘雪路ショー』は、あえなくお蔵入りとなった。

コパはやめだ

本番終了後、力道山一行は赤坂三丁目の高級クラブ「コパカバーナ」に向かった。吉村義雄が事前に予約を入れていたのである。

リオデジャネイロ南東部に位置するリゾート地から名前を拝借したこの店は、ニューラテンクォーターとは別の意味で、赤坂の夜を彩った伝説のナイトクラブである。

一九五六年オープン。オーナーは長尾剛鶴・久子夫妻。百三十坪、五十卓二百五十人収容は、ニューラテンクォーターの半分以下の面積だが、ホステスは美女揃いで、商談や接待の場として重宝された。

「夜の大使館」の異名通り、国賓クラスの要人がお忍びで現れることでも有名で、無名女優だった根本七保子が、インドネシア大統領のスカルノに見初められたのもこの店である。程なくして、彼女はスカルノの第三夫人に迎えられた。デヴィ・スカルノである。

力道山もニューラテンクォーターと同様、この店に足繁く通った。「祝宴はラテン」「密会はコパ」と使い分けていた節すらある。

通説では、TBSから徒歩五分ほどのコパカバーナに向かっている最中「コパはやめだ、ラテンにする」と突如、言い出したとある。

吉村義雄は自著の中で、同行していたリキ観光開発専務のキャピー原田が「今夜は早めに帰りましょう」と窘《たしな》めたことに起因すると書く。「行動を指図されるのが嫌いな上に、人の言うことと逆の行動を取るから」だという。

一方、ニューラテンクォーターのオーナーだった山本信太郎は別の説を採る。

「人数が膨れ上がったことが一番の理由だと思います。コパは合計五十卓ですから『七、八人で行くには狭い』って瞬時に思ったんでしょう」

ともかく、コパカバーナの予約をキャンセルさせた力道山は、運命の糸に手繰り寄せられるように、ニューラテンクォーターに歩を進めたのである。

代理戦争

力道山一行がニューラテンクォーターに姿を見せたのは、山本信太郎が内線を受け取ってから十分ほど経った頃だった。

ステージの斜め前方に陣取った一行は、ワンダラーズのコーラスを楽しむでもなく、宴会の続きを始めたかに見えた。

力道山はステージに向かってコースターを投げるなど、明らかに常軌を逸していたが「普段よりマシかな」と山本は胸を撫で下ろした。本当に酷いときは、眼の焦点も合わず言葉も曖昧で、立ってさえいられないからだ。ただし、落ち着いてショーを楽しみたかった客にとって、騒々しい力道山一行は招かれざる客だったに違いない。

事務所に戻った山本は雑務の続きに取りかかった。仕事は接客だけではない。伝票の整理、請求書の記入、招待状の送付と山積しているのだ。一時間後、フロアから内線が入る。

「リキさんが、お手洗いに立ちました」

「お、すぐ行く」

デスクを離れてロビーに移動した山本は、力道山がトイレから出て来るのを待った。

「トイレって不思議な空間でね。客席で大騒ぎしても、お手洗いに立つと『そろそろ帰ろうかな』っていう里心が芽生えるんです。私はそれを追い払うために、常連のお客様には、トイレから出て来たタイミングで話しかけるようにしていました」（山本信太郎）

そんな山本の視界に飛び込んで来たのは、二人の男が揉み合う様子だった。トイレからロビーに抜ける狭い通路で、右に左に揺れる両者は、押し問答をしているようにも、譲り合っているようにも見えた。

「リキさんはもちろん大柄だけど、男も長身で恰幅もいい。トイレの通路は路地みたいでしたから、ああなってしまうと、どちらかが後ろに下がらないと通るのは難しいです」

間もなくして、力道山に突き飛ばされた男がロビーに尻餅をついた。すると、驚くことに男は力道山に摑みかかっていった。それでも、体格に勝る力道山が押し潰すように上になったのだ。

次の瞬間である。覆いかぶさっていた力道山の身体が、跳ね上げられるように男から離れたのだ。１３０kgはあろうかという巨体がである。

一体、何が起きたのか。

立ち上がった男の右手に、鋭利な刃物が握られているのが見えた。

「かっちゃん……」

山本は力道山と事を構えた男が、先般、声をかけた村田勝志だったことに気付いた。すると、村田は何も言わずに走り去った。山本は呆然と見送るしかなかった。

問題は残された力道山である。山本の胸ぐらを摑んで叫んだ。

「信太郎さん、どうして俺を刺させたんだっ」

「そ、そんなことを、私が指示するわけないじゃないですかっ」

「だったら、何だこれはっ」

力道山は両手を開いて下腹部を見せると、小さく破けたシャツに血痕が付着していた。ただし、重傷とは程遠い状態に思えた。

「この後、リキさんは『この店は殺し屋を雇っています』ってマイクで喋ったらしいけど、それは全然記憶にないです。このとき、私が真っ先に思ったのは『ああ、百瀬を今日、休みにしてよかった』ってことなんです」

「百瀬」とは、用心棒として雇っていた立教大学相撲部の学生のことである。

後年、アポロキャップを被って、総合格闘技イベント「ＰＲＩＤＥ」のリングサイドに現れることで注目された作家の百瀬博教は、この時代、ニューラテンクォーターのトラブルシューターとして、ほとんど毎日、事務所に控えていた。店内でトラブルが起きるとフロアに現れ、言っても収まらない場合は腕力で解決させていたのだ。

「もし、百瀬が出勤していたら、住吉とウチの店の間で大きなトラブルに発展していたはずです。百瀬は一歩も引かない男だったし、ただでさえ、この時期、力道山に近い東声会と住吉の間で揉め事が頻繁に起きていて、ウチまで巻き込まれた可能性はあったでしょう。だから『今日は百瀬に休みをやってよかった』って、つくづく思ったもんです」

逃げた村田勝志の行方も気になった。どういう事情で力道山とトラブルに至ったのか。もしかしたら、本当に「住吉連合と東声会の代理戦争」だったかもしれないからだ。

落とし前

このとき、村田勝志は力道山の側近の吉村義雄と一緒に、近所の喫茶店にいた。

表に出た村田がタクシーに乗ろうとしたところを、追いかけてきた吉村も乗り込み、ニューラテンクォーターから数10m離れた山王飯店の前で、強引に停車させたのである。

「あんた、一体どこの人間だ」と吉村に問い詰められた村田は「ご無沙汰しています。小林楠扶のところの村田です」と冷静に答えた。

確かに、風貌に見覚えがあった。二年前、黒人レスラーのリッキー・ワルドーと酒場で喧嘩沙汰を起こし、半死半生の目に遭った村田勝志は、広尾の日赤病院に入院している。その際、吉村は見舞いに駆けつけている。それどころか、六月五日に行なわれた力道山と百田敬子の結婚披露宴にも、小林楠扶の代理として村田は姿を見せていた。

彼の親分である小林楠扶は、住吉連合の下部組織である小林会の会長にして、右翼団体・日本青年社の初代会長であり、力道山も吉村も知らない間柄ではなかった。それどころか、小林は大野伴睦の書生だったこともある。

程なくして、吉村は村田を解放した。親分である小林楠扶の顔を立てたのだ。その上「自首します」と言う村田を止めてもいる。大事にしたくなかった気分も読める。

喫茶店から出た村田勝志は、恵比寿の小林楠扶邸に出向いて事情を説明し、その後、小林と一緒に赤坂のリキアパートに向かっている。力道山に直接、詫びを入れるためだ。

まず、小林が八階の力道山の自宅に向かった。子分の不始末を詫びて、その後で村田が訪ねる手筈となっていたのだが、運悪く、そこに東声会の若い衆がやって来た。

彼らは、村田に気付くと集団で襲いかかった。必死に応戦した村田だが、日本刀で顔面を斬りつけられ、十数針を縫う大怪我を負っている。落とし前をつけられたのだ。

一の矢と二の矢

作家の安部譲二が、生前、力道山とも田中敬子とも繋がりの深い人物であったことは、何度も述べてきた。

彼は驚くことに、村田勝志とも付き合いがあった。それどころか、力道山や田中敬子より関係は古く、安部譲二が十七歳、村田勝志が十五歳だった一九五四年までさかのぼる。

その上、府中刑務所の雑居房で一年間、ともに刑期をつとめたこともある。知り合いどころの間柄ではない。

生前、安部譲二に会った筆者だが、惜しむらくは、村田勝志及び力道山事件に関して、何の証言も得ていないことだ。ただし、二〇〇二年刊行のノンフィクション『日本怪死人列伝』（産経新聞社）で力道山刺殺事件について詳述した安部は、村田本人に聞き取り取材を行っている。「偶発的な事件とは信じられない。一の矢が村田勝志で、二の矢は山王病院の医者だったのではないか」と安部譲二は従来からの疑問をぶつけるも、当の村田勝志は「どこの若衆が、そんなことを承ってするもんか。ナオちゃんだってそうだったろう」と一笑に付し、「確かに山王病院は怪しい病院だったが、誰かの指示で力道山の命を取ったのではなくて、あれは単純な医療ミス」と用意周到に犯行に及んだ疑いを真っ向から否定している。

一審で懲役八年が言い渡された村田勝志は、自分に有利な証言が一切採り上げられなかったことが不満で控訴。二審では懲役七年に減刑され、その後、満期で出所している。

よって、村田勝志の犯行には違いないのだが、筆者が引っかかるのは、力道山の死後、日朝関係が思い描いた展開と、まったく、異なる進み方を示したことである。

例えば、力道山が待ち望んだ東京五輪について、北朝鮮代表チームは、参加資格のない選手の、選手村への入村が認められなかったことに反発し、大会をボイコット。大会二日前に選手団全員を引き揚げている。もし、力道山が生きていれば、前代未聞の事態に発展したかどうか。

それだけではない。力道山の宿願でもあった「南北同時国交正常化」も実現しなかった。死の二年後、日韓基本条約が結ばれ、韓国と単独で国交を樹立している。いずれも、力道山が最も望まなかった結末を迎えたのだ。

事件から六十年、目撃者である山本信太郎は、どう考えているのだろう。

取り返しのつかないこと

――力道山が刺された日から死に至るまで、不自然な感じが拭えません。山本さんは、どうお考えですか。

「そういう話はよくされました。実際この頃、住吉と東声会の仲が険悪だったので『ラテンまでグルになって、力道山を刺したんじゃないか』って何度も言われたもんです。そんな事実はまったくありません。この日、村田が来店したのは、本当に偶然です。そもそも、村田はそういう小細工が出来る性質《たち》ではなく、猪突猛進を絵に描いたような男でしたから」

――ただ「コパはやめた、ラテンに行く」と力道山が言ったというのが、どうも、不自然な気がするのですが。

「先程も申したように、八名という大所帯に膨れ上がったので『コパでは狭い』と感じたんだと思います。私もコパカバーナは何度か行っていますが、確かに手狭な店です」

――それくらい大所帯だったんですか。

「後年、朝丘雪路さんとお会いしたとき、この夜のことを聞きました。リキさんはラジオの収録が終わってから『ユキエちゃん（※朝丘雪路の本名）も一緒に呑みに行かないか』って誘ったらしい。朝丘さんは行かなかったんですが、TBSラジオのスタッフは数人加わっています」

――かくして、八名の大所帯になった力道山一行は、まずコパカバーナに向かった。

「歩きながらリキさんは思ったんじゃないですかね。『大人数だな、手狭なコパはやめよう。日曜のラテンなら空いている』って。リキさんは、それくらい頭の回転の速い方でした。泥酔しても衰えることがなかったですから」

――大勢いたら、そう思うかもしれません。

「ですから、事件については偶発的なものと断言します。ただ、入院してからのことは、私もよくわからない。経過良好と聞いていたのに、どうしてああなったのか」

――それは不審に思っているんですね。

「専門外ですからね。でも、そのことより、私の心に刺さったのは敬子さんのことです。現場のオーナーとして『取り返しのつかないことをした』って本当に思いました」

――取り返しのつかないこと……。

「婚約会見の後、二人でウチの店に顔を見せてくれたり、リキさんと一緒にショーを観に来てくれたこともあった。その敬子さんの心中を思うと……。半年で未亡人になるなんてあってはならないこと。これは店の責任ですよ」

――そのことを痛感したんですね。

「だから、ウチの店で起きた事件と、入院後のことは分けて考えてもいました。店のことは私も当事者ですから、入院後のことまで考えが及ばなかったのは、正直なところです」

――ところで「力道山は北朝鮮に帰化しようとしていた」という説を唱える人もいますが、それについてどう思いますか。

「それはなかったでしょう。『赤坂をラスベガスにする』って言ってた人が、資産を処分して母国に戻りますか。私には信じられない」

――相模湖畔の計画もありましたしね。

「亡くなる数カ月前、相模湖のゴルフ場の予定地にリキさんに連れられて行ってるんですよ。本当に広大な土地です。帰化はなかったと思う。ただ、政治家になった可能性はある。そしたら、日朝関係は変わっていたはず。うまくやれていただろうし、拉致問題も起きなかったでしょう」

――それでも、北朝鮮に理解を寄せる力道山を目障りに思った政治家はいたはずです。大野伴睦は、その代表格だった気がするのですが。

「でも、大野先生はこの年の一月にリキさんを韓国に行かせています。それくらい、日韓関係においてリキさんを重用していたんです。そんな人が短絡的なことをするとも思えない」

――住吉連合の小林楠扶は、右翼団体の日本青年社の代表者でもあり、若き日に大野伴睦に師事し、院外団として雇われてもいました。

「確かに、二人は近しい間柄でしたよ」

――その小林楠扶の若い衆の村田勝志が……。

「いやいやいや、やっぱり、その線はないと思うなあ。最初の話に立ち返るけど、あの日の村田は、そういう使命を帯びた男の顔じゃなかった。新顔のガールフレンドを連れて、日曜の晩にぶらっとショーを楽しみに来た、リラックスした男の顔でしたから」

――そうなんですね。

「そもそも、そんな芸当が出来るなら、その後、東声会の面々に袋叩きに遭わないでしょう。それこそ、半殺しの重傷を負いました。計画的に立ち回って、うまく逃げおおせたはずだもの」

研修医

事件から三十年ほど経った頃、五十歳をすぎた田中敬子の自宅の電話が鳴った。

受話器を取ると、男性が出た。

「私は、岐阜市内で医師をやっている者です」

男性はそう告げた。「名前も名乗ってたと思うけど、忘れちゃった」と敬子は言う。

「奥様にお伝えしたいことがあります」

「何でしょう」

数秒の沈黙ののち、男性は意を決したように言った。

「私の知り合いは、ご主人の二度目の手術のとき、研修医として手術室にいました」

「え……」

「彼から委細聞きました。ご主人の死因ですが、あれは医療ミスです」

敬子は驚きのあまり、何かを言おうにも二の句が継げなかった。男性は続けた。

「彼は研修医として、二度目の手術の様子を一部始終見ていたそうです。麻酔を投与したら血圧がどんどん下がって、手術室が大騒ぎになった。執刀医も焦って、麻酔医も何が起きているか、わからない状況だったようです」

さらに、続ける。

「それで、麻酔薬をさらに投与したら、もっと血圧が下がって、手の施しようもなくなりました。そして……」

電話から伝わる口振りと、詳しい内容を聞いて「これは、事実だ」と敬子は直感した。

ただ、三十年も経って、そんな話を電話で聞かされるとは、思いもしなかった。

彼は、なおも喋り続けた。

「私の知り合いは『証人として出廷させられたらどうしよう』と思っていたそうです。研修医だから立場上、本当のことは言えない。結局、出廷要請はなく、安堵したそうです」

また、こうも言った。

「当時の日本の医療は、麻酔に関する技術も知識も相当立ち遅れていました。実はご主人の一件がきっかけで、日本国内における麻酔治療は、格段の進歩を見せたのです」

ここまで聞いて、敬子は確信した。

「おそらく、この人自身の話に違いない」

電話を切って、敬子は決めたことがある。

この件について、これ以上は何も考えないようにしよう。

いくら考えたところで結論は出ない。そんなことに時間を奪われたところで、あの人は喜ばないだろう。そう思ったからだ。

ともかく、この件ではっきりしているのは、敬子が二十二歳で未亡人になったことである。

現在のニューラテンクォーター跡地に立つ山本信太郎(2023年7月24日撮影)

8章
「未亡人社長になる」

1963年12月20日に池上本門寺で執り行われた力道山の本葬にて。
喪主をつとめた百田敬子

百田敬子は、長い眠りから覚めた。

眼の前には白い天井が広がっている。ここは、自宅ではないらしい。

とすれば、病院だろうか。山王病院か。だとしたら、何故、病院にいるのだろう。

もう、出産日か。そんなはずはない。

それより、随分と悲しい夢を見た。あれは夢だったのか。そうであってほしい。いや、そうに違いない。

しばらくすると、病室のドアが開いた。

「やっと、目が覚めたのね」

三菱電機副社長・大久保謙夫人のみさ子である。

「あなた、昨日の夜、気を失ってから、ずっと、ここで眠っていたのよ」

そういえば、医師に何かを告げられて、ぷつりと意識が途切れたのを思い出した。

「主人は……」

敬子が口を開くと、みさ子は無言でかぶりを振って「ご主人は亡くなったの」と言った。

敬子の脳裏に言い知れぬ悲しみが込み上げてきた。同時に昨夜の記憶も不意に甦る。

不思議なのは、夫が三本指を出したことだ。あれは何を意味していたのだろう。

「三人の子供を頼む」なのか「出産まで三カ月の辛抱だ」なのか「日本と韓国と北朝鮮の三国をつないでくれ」なのか、今となってはまったくわからない。何一つ知らせないまま、あの人は逝ってしまった。

程なくして、山王病院院長の長谷和三が病室に姿を見せた。

「このたびは、ご愁傷様です」と言われ「お世話になりました」と返すのが精一杯だった。

敬子がベッドから身を起こすと、長谷は「死亡診断書」と書かれた二通の書類を手渡した。

百田光浩殿　病状経過

去る十二月九日早朝に行った手術後の経過は一応順調であると思われたが、昨夜半より腸閉塞を起し、一般上体が次第に悪化し始めた。

よって再手術を本十二月十五日午後二時三十分より行い四時に終了。輸血等により小康を得たが、午後九時より急激にショックに陥り、諸種の手当の甲斐もなく午後九時五十分、不幸な転機となった。

十二月十五日

山王病院院長　長谷和二

聖路加国際病院外科医長　上中省三

読み終えると、敬子はわっと泣き出した。今更こんな紙切れを渡されてどうしろというのか。

長谷は「奥様までが身体を壊されては元も子もありません。今は安静になさって下さい」と言うと、静かに病室から去った。

有難かったが、そうもいくまい。

喪主をつとめるのは、妻である自分以外いないのである。

赤坂葬

正午すぎ、力道山の遺体は行政解剖を受けるため、信濃町の慶應義塾大学病院に運ばれた。午後四時、担当医は廊下で待つ敬子に「ようやく終えました。まず、言えるのは、傷口の洗浄不備が認められることです」と述べた。

敬子は「そうですか」とだけ言って、それ以上、何も尋ねる気になれなかった。

遺体はそのまま霊柩車に乗せられた。いくらスーパースターでも、亡骸となれば一個の遺体にすぎない。

敬子も助手席に乗り込んだ。向かうは、赤坂のリキアパートである。

慶應大学病院を出て、赤坂御所を左に見ながら青山一丁目の交差点を左折すると、警察官の姿が目立つようになった。どうやら検問をしている。「事故でも起きたのかしら」と思ったが、そうではなかった。

青山通りを永田町に向かって直進し、羊羹で有名な虎屋を右折して赤坂に入ると、数ｍおきに警察官が立っていた。無線で何やら話しているのも見える。

力道山の通夜が行われるとあって、警察官が配備されていたのだ。

いつもは賑やかな一ツ木通りも、静まり返っていた。「クリスマスセール」という垂れ幕もいつしか片付けられている。それどころか、立ち止まって霊柩車に手を合わせる婦人の姿も見えた。ここに力道山が乗っているのを、知っているのだろうか。

「今日は、料亭さんもお休みだそうです」

運転手がミラー越しに言った。さながら、街をあげて力道山を送ろうとしているようで「赤坂を日本のラスベガスにする」と広言していた夫の心情を思うと、この街がやれる最大の返礼かもしれなかった。

リキアパートの前には、警察官と大勢の報道陣がたむろしていた。喪服を着たレスラーが数人がかりでテントを組み立てている。

「この日はレスラー全員総出でした。俺なんか一番下っ端だから『机を置け』『お茶持って来い』とか大忙し。先生の眠る棺桶も、若手全員で八階まで運びました。このときに着た喪服は、半年前の結婚式のときに作ってもらったスーツ。一張羅ですから、ネクタイの色を変えて喪服に様変わりしたんですな。それが何とも寂しかったです」(グレート小鹿)

無言の帰宅をはたした力道山の遺体は、十畳の和室の祭壇の前に置かれた。祭壇は敬子が気を失っている間に、社員と家政婦頭の塩谷によって設えられたに違いなかった。

身重の新妻とはいえ、ここでも、与り知らないところで物事が動いていく。そのことが、敬子はどうにもやるせなかった。

沈痛

敬子と同期入社で、日本航空のスチュワーデスだった染谷凱子が力道山の死を知ったのは、十二月十六日の朝である。

「母に聞かされた気もするし、新聞を読んで知った気もします」と彼女は六十年前のその日を振り返る。

真っ先に脳裏をよぎったのは、親友の敬子のことだった。

「今晩にはお通夜があると思うから、私たちは早い時間に伺いましょう」と母に促され、午後になると身支度を整えた。母子は六本木交差点の花屋に立ち寄ってから、赤坂のリキアパートに向かった。

午後六時半頃、アパートに到着すると、大勢の警察官と報道陣の姿が見えた。すでに厳戒態勢が敷かれていたが、弔問客はまばらで、身許を明かすとすんなり通された。一時間遅かったら、こうはいかなかったろう。

自宅のある八階に到着すると、関係者らしき男性に十畳の和室に通された。祭壇が設えられ、棺の傍らに喪服に身を通した親友が、ぽつんと座っている。

何と声をかけていいかわからない。

母親と並んで焼香をあげた。棺に目をやると、確かにあの力道山が眠っている。

五カ月前、ハネムーンから帰国したばかりの夫妻を訪ねたことが思い出された。

「お土産があるのよ、遊びに来ない？」

「行く行く」

直通のエレベーターで八階に着くと、新婚夫婦が揃って出迎えてくれた。

「いらっしゃい、今日はゆっくりしてって」

初対面の力道山は想像以上に大きかったが、笑顔がとても優しそうだった。

家政婦が作った料理は豪華な上に、どう考えても、一日で食べられる量ではない。

「今日、他に誰かお客さんが来るの？」と訊くと「ううん、凱子だけよ」と言われて腰を抜かしそうになった。「残したら悪いわ」と言うと「その心配はないのよ」と笑われた。そうか、だからアパートの敷地内に、若いレスラーの住むプレハブ小屋が建っているのか。

八階の窓から中庭の野外プールを、敬子と二人でけらけら笑いながら見ていると「こらっ、見世物じゃないぞ」と力道山に叱られて、二人揃って肩をすくめた。

楽しかった夏の午後が幻のようである。

凱子は焼香を済ませると、喪服姿の親友に「謹んでお悔やみを申し上げます」と儀礼的に声をかけるしかなかった。敬子も蚊の鳴くような声で「ありがとうございます」と一礼した。その姿を見届けて、母子は部屋から去った。

アパートを出ると、一目見て要人警護とわかる、複数の男性が配置に付いていた。

おそらく、この後、政治家、芸能人、スポーツ選手、興行関係者、右翼、やくざが、大挙して押し寄せるのだろう。

憔悴しきった親友の表情が、再び凱子の脳裏をよぎった。

身重で傷心の未亡人

本葬は十二月二十日に大田区の池上本門寺で営まれることになった。児玉誉士夫が檀家総代をつとめていたからである。

葬儀委員長は自民党副総裁の大野伴睦、副委員長は建設大臣の河野一郎に決まった。

敬子は喪主をつとめることになった。半年前に前代未聞の豪華な結婚披露宴で、日本中の羨望を集めた新妻は、一転して、悲劇の未亡人となったのだ。

本葬を三日後に控えた十二月十七日午前、敬子の姿は麹町の日本テレビにあった。三菱電機、日本テレビ、博報堂、日本プロレスによる、四者会談に出席するためである。

前夜「四幹部による合議制」での再出発を確認していた豊登道春《とよのぼりみちはる》、遠藤幸吉、吉村道明、芳の里淳三の四人の幹部レスラーだが「力道山が死んだんだから、プロレス中継は終わりにしよう」と日本テレビは考えていた。博報堂の担当者が「力道山が亡くなって、協賛スポンサーが三社も降りた」と明かしたからだ。

それを知った四人は翻意を促すために〝身重で傷心の未亡人〟を列席させて、情に訴えようと考えた。テレビ中継がなくなれば、再出発もままならないのである。

当然、話し合いは難航した。そもそも、日本テレビは中継を続けるつもりはないのだ。

頃合を見計らって、敬子が口を開いた。

「いろいろと事情もおありでしょうけど、主人の遺した日本プロレスを、この先もどうか、よろしくお願いいたします」

未亡人の切実な訴えを日本テレビも無下には出来ず、三つの条件を渋々提示した。

①新エースの豊登が世界のベルトを巻くこと
②わかりやすい必殺技を編み出すこと
③それでも、一カ月の平均視聴率が20％を切ったら、即座に打ち切ること

右の条件を四人の幹部が拒否出来るはずもなく、辛うじて継続が決まった。

四人はその後、渋谷のリキ・スポーツパレス二階のレストランで記者会見を開き、日本テレビの中継継続が決まったこと、十二月二十日の本葬の後に追悼興行を行うこと、新シリーズは一月十日から行うことを発表した。

翌十八日、西五反田の桐ヶ谷斎場で、近親者だけで仮葬儀が行われ、力道山の遺体は荼毘に付された。

焼香の順番

十二月二十日に池上本門寺で営まれた力道山の本葬には、一万二千人が参列したと新聞各紙は報じている。

葬儀委員長の大野伴睦が訪韓中のため、代わりに、児玉誉士夫が代理委員長をつとめた。おそらく、最初からそうする予定だったのだろう。

喪主の大役を任じられた敬子だったが、葬儀を仕切ったのは吉村義雄らグループ会社の幹部である。未亡人はその場にいることが重要で「起立して下さい」と言われたら立ち、「着席して下さい」と言われたら座り、「一礼をして下さい」と言われたら深々と首を垂れる。悲しみにくれる余裕はなかった。

開式、読経と葬儀は進み、美空ひばり、時津風親方、伴淳三郎が弔辞を読んだ。次いで、参列者による焼香である。順番は次の通りに決められた。

児玉誉士夫、河野一郎、楢橋渡、関義長、今里広記、阿部重作、田岡一雄、岡村吾一、町井久之、新田松江、田中勝五郎、永田貞雄。

レフェリーの九州山義雄が焼香順を伝えると「それはおかしい」という声があがった。

敬子の父・田中勝五郎である。

「私は故人の岳父にして警察官である。その自分が焼香の順番を、やくざの後回しにされるのは納得がいかない」というわけだ。ある意味、正論である。

このときのことを、長男の田中勝一は次のように回想する。

「親父がそう言ったら、住吉連合と山口組の若い衆がえらい剣幕なんです。そしたら、山口組の田岡さんが『ほんなら、お父さん、一つ話し合いましょう』と紳士的に言った。親父も『いいでしょう』と言って別室に引っ込んだ。心配だったので、私も付いて行きました」

「相手は山口組三代目でしょう。我々を取り囲むように、子分がずらっと並んだんです。その上、彼らは腰元から『カチャカチャ』って音をさせた。『拳銃があるぞ』という脅しですな。私は大学生の青二才ですから、もう、震え上がりました。でも、親父は平然としている。そりゃそうです。現職の警察署長だし、何と言っても軍人だったわけですから」

「田岡さんは『言い分はわかりました。ごもっともです。ただ、住吉の阿部さんは、もう引退されています。そこで、私がお父さんに先を譲る。お父さんは阿部さんの後に焼香をあげる。それで折れてもらえませんか』と言った。『さすが、上手い折り合いの付け方だな』と感心しました」

本葬を終えて一息つく間もなく、午後六時からリキ・スポーツパレスで「力道山追悼興行」が行われた。本来なら、日本プロレスの年内最終興行が行われる予定だったが、追悼興行にシフトしたのである。

追悼セレモニーでは、日本プロレス協会会長の楢橋渡が弔辞を読み、未亡人の百田敬子が遺影を持ってリング中央に立つと、追悼の20カウントが打ち鳴らされた。

メインイベントでは、新エースの豊登が、キラー・バディ・オースチンと三十分一本勝負で対戦した。すくい投げ、抱え投げと相撲殺法でオースチンを攻めまくり、さらに、レフェリーの制止も聞かずオースチンの首をロープに挟んで滅多打ちにすると、レフェリーの沖識名は反則負けを言い渡したが、満員の観客はやんやの喝采を送った。

試合後、豊登と並んで報道陣に囲まれた敬子は「主人も再出発を心から喜んでいると思います」とコメントしている。

ようやく、敬子はすべてのスケジュールから解放された。力道山が刺された十二月八日から追悼興行を終えた十二月二十日まで、暴風雨のような十二日間が幕を閉じたのだ。

敬子の身辺は静かになるはずだった。そうでなくても、春には出産を控えている。しばらくは、そっとしておいてほしい。敬子はそう願った。

しかし、そうはいかなかった。

未亡人社長になる

年が明けて一九六四年一月四日、リキグループの顧問弁護士である佐瀬昌三が、赤坂の自宅に姿を見せた。

佐瀬は事務的に、こう切り出した。

「つきましては、奥様に社長をやっていただくことになります」

「え、私がですか」

「ええ、グループすべての会社の代表取締役になっていただきます」

敬子は驚いた。これまで、日本航空のスチュワーデスをやっていたというだけで、会社経営など、まったく経験がないのだ。

そもそも、結婚半年で未亡人になるのも異例なら、亡夫の会社を継いで社長になるというのも異例中の異例である。それに、七カ月の身重である。予定日は三月中旬。どうして、それで会社経営など出来ようか。その上、五つもの会社の社長に就任するとは正気の沙汰ではない。生前の力道山の殺人的な忙しさが脳裏に甦った。

ああいう離れ業が今の自分に出来るはずがない。固辞する以外に選択肢はない。

「無理です。到底つとまるはずがないです」

慌てて言うと、佐瀬は「仕方ないなあ」という顔をしながらこう説明した。

「奥様、これは相続なんです。法的にそうするより方法がないのです。それとも、相続を放棄なさいますか」

また、こうも付け加えた。

「ご長男が高校生、ご次男が中学生となると、奥様が一度、社長職をお継ぎになって、その後、ご長男が大学を卒業された頃に、しかるべき対応を取られてはいかがでしょう」

言わんとすることはわかる。それでも、即答しかねた。遺産の内訳を見たら一目瞭然である。

リキアパート（時価三億円）、リキマンション（時価三億円）、リキ・スポーツパレス（時価五億円）、渋谷区松濤の土地（時価八千万円）、相模湖畔五十二万坪の土地（時価十五億円）、箱根二千八百坪の土地（時価一億二千万円）、三浦半島・油壺二千六百坪の土地（時価五千万円）、生命保険三千万円。合計約三十億円。現在の価値にして約百億円となる。

これに相続税がかかって約二十一億円が引かれると、約九億円が手許に残る。——というわけにはいかない。

すでに触れたように、力道山は相模湖畔にレジャーランドの建設に着手していた。ゴルフ場、遊園地、レース場、ホテルの大計画で費用は十七億円、この頃、まさに工事に入ろうとしていた。

すなわち、力道山の遺産を相続するというのは、自動的に約八億円（現在の価値で約三十億円）の負債を背負うということだ。

未亡人である敬子には、相続を放棄するという手もあるにはあった。事実「お腹の子は茅ケ崎の両親に預けて、あなたはスチュワーデスに戻ればいい」と言う人もいた。

「上の三人は実子じゃないんだし、結婚半年の二十二歳の未亡人が、そこまで責任を負う必要はない」というわけだ。正論と言えば正論かもしれない。

しかし、敬子はそれは考えなかった。

「そんな無責任なことは出来ないでしょう。みんな路頭に迷ってしまう。千恵ちゃんは短大を辞めなきゃいけなくなる、よっちゃんとみっちゃんは、私立から公立に転校しなきゃなんなくなる。『そんなことを、あの人は絶対に望んでない』って思ったんです」(田中敬子)

敬子は社長を引き受けることにした。

娘の後ろ盾

一九六四年一月十日午後一時から、渋谷のリキ・スポーツパレスで「百田敬子新社長就任式」が開かれた。

黒の訪問着姿で現れた敬子は、亡夫の遺影を背に、集まった報道陣、グループ会社の社員全員と日本プロレスの所属レスラーの前に立って抱負を述べた。

「私、百田敬子は亡き夫の後を継いで、リキエンタープライズ、日本プロレス、リキスポーツ、リキボクシングクラブ、リキ観光開発の社長に就任することになりました。二十二歳と若く、女ですから、何も出来ないと思いますが、勉強いたしまして夫の霊に報いたいと思います」

そう言って深々と頭を下げると、社員全員から拍手が起こった。

次いで、見慣れない男性が前に進み出た。

「田中勝五郎と申します。夫を亡くした娘の父親という立場から、アドバイス役として娘の後ろ盾になりたいと思います。企業繁栄のため、従業員の皆さんが娘を助けて、一層努力して下さいますようお願いをいたします」

焼香の順番を巡って、田岡一雄を相手に一歩も退かなかったことは、この場にいる全員が知っていた。一部の社員は「ああ、この人が……」という顔をした。

「親父としては『娘を助ける』って気持ちだったんです。ただ、現職の警察署長ですから、興行会社からしたら『敵が乗り込んで来た』って思われたはず。私もこの場にいましたが、雰囲気的にまったく歓迎されていなかったと思います」（田中勝一）

新社長は初日から大忙しだった。

八階の社長室に入った敬子は、机の引き出しから帳簿を取り出した。頁を開いても何が書いてあるのかさっぱりわからない。吉村義雄に教わりながら数字を目で追っていくと、驚くべき事実が明らかとなった。

「負債どころか、実際の経営も赤字で、ここまでとは思わなかった。赤字だらけの会社を切り回しながらリングに立って……。主人が想像を絶する過酷さの中で生きていたのを、初めて思い知ったんです」（田中敬子）

三者面談

新生活が始まった。

起床は午前八時半。割合ゆっくりなのは、家政婦が朝食を作ってくれるからなのと、夜が遅いからである。自宅に仕事を持ち帰って、毎晩、書類とにらめっこしている。

五つの会社の社長を束ねるということは、五つの異なる業務を手掛けるということだ。

グループを束ねる親会社のリキエンタープライズ株式会社は、リキアパートと、前年の十月に建てたばかりのリキマンションの経営、及び土地売買が主な業務となる。専務取締役は吉村義雄。

筆頭子会社の日本プロレス興業株式会社は、プロレスの興行が主な業務となるのは言うまでもない。専務取締役は富沢信太郎。

リキスポーツ株式会社は、レストラン、ボウリング場、トルコ風呂（サウナ）の経営及びスチームバスの販売が主な業務で、専務取締役は宍倉久。

株式会社リキボクシングクラブは、ボクシングジムの経営とボクシング興行の開催。専務取締役は吉村義雄が兼任している。

リキ観光開発株式会社は、相模湖畔のレジャーランド計画のために前年に新設した会社で、GHQ退役後に読売巨人軍の国際担当となった、日系アメリカ人のキャピー原田（日本名・原田恒男）が専務取締役を任されている。

実務に長けた彼らの指示を仰ぐよりほかないが、決裁権は社長である敬子にしかない。それが信じられなかった。

四十九日がすぎた頃である。次男の光雄の担任教諭から突如呼び出され、三者面談が行われた。

「母親らしい顔ってどんな風かしら」と呑気に思いを巡らせていると、担任はいきなり、冷水を浴びせるように言った。

「いいですか、お宅の光雄君は、非常に成績がよくないのです」

「そうだったんですか」

「ご存知なかったのですか」

次男の学校の成績まで把握しておらず「申し訳ありません」と敬子が頭を下げると「このままだと進学も出来ません。お母さん、不安じゃないんですか」と詰問された。

敬子は返す言葉が見つからなかった。自分の人生の方が不安だったからだ。

こないだまでスチュワーデスとして世界中を飛び回っていたのに、誰もが知るスターと結婚したと思ったら半年で先立たれ、今では五つの会社の社長となり、短大生と高校生と中学生の母親になって、来月には出産を控えている。自分の人生は一体何なのだろう。

帰りのタクシーの中で「ごめんなさい」と光雄が言った。

敬子はしばらく考えると「別にいいわよ」と返した。

「いいの?」

「うん、元気でいればいいのよ」

何となく、いい母親になれた気がした。

出産と急死

社長に就任して二カ月がすぎた。

三月は決算の季節である。今まで以上に仕事に忙殺されるようになった。挙句に出産まで控えている。予定日は三月十七日。その前後は会社を休まないといけない。山王病院で出産する予定だったが、検診で足を運ぶたびに、亡夫のことを思い出して、どうしても泣いてしまう。見かねた担当医が「いっそ、慶應病院に行かれてはどうですか。紹介状を書きます」と言ってくれた。

しかし、予定日が来ても一向に陣痛が起きなかった。何も起きないので会社に姿を見せると、「どうしたんですか」「安静にしないとだめです」と社員が口々に言った。

「陣痛が来たら行きますので」と相変わらず山積みの書類に目を通した。結局、この日は何事も起きず、ひたすら決裁の判をついた。

亡夫の百箇日法要がすぎた三月二十三日、ようやく陣痛が起きた。しかし、陣痛微弱で生まれる気配がない。どうしたものかと思ったが、三日経ってやっと産気付いた。

一九六四年三月二十六日午前五時三十二分、百田敬子は３１２０ｇの女児を出産した。

名前は亡夫の本名・光浩から一字を取って「浩美」と命名した。名付け親は児玉誉士夫である。

無事、女児を産んだ敬子だが、たった一人の出産は寂しくなかったと言えば嘘になる。「本当なら、あの人がいてくれたのに」と思うと、自然と涙がこぼれた。

そんなとき、個室のドアをノックする音が聞こえた。現れたのは大野伴睦である。

体調を崩して慶應大学病院に入院した大野は、マスコミから隠れるために、人目に付きやすい一般病棟ではなく産婦人科に隠れていた。偶然にも、敬子の個室の隣だったのだ。

「浩美を初めてお見せしたのは大野先生なんです。出産二日後くらいかな。『この子の後見人になる。心配はいらん』っておっしゃって、本当に心強かったもの」（田中敬子）

日本プロレスコミッショナーでもあった大野伴睦は、生前の力道山にとって後見人であり、その死後は、未亡人にして新社長の百田敬子の後見人となっていた。

その大野伴睦が、力道山の後を追うように他界したのは、それから二カ月後の五月二十九日のことである。心筋梗塞だった。

衆議院議長もつとめた現職の自民党副総裁の突然の死は、政界に衝撃を与えたが、日本プロレスをも大きく揺るがした。

まず、興行形態に波及した。

前年、日本プロレスは年間にして百四十三の興行を打っている。そのうち、日本プロレスが主催する手打ち興行は六十ほど。残りの八十は売り興行で、各都市・土地に根を張る興行師が請け負う。興行師と言うと聞こえはいいが、この時代のやくざである。

琵琶湖を日本の中心として、東は稲川会と東声会と北星会。西は神戸芸能社（山口組）がプロレスの興行を牛耳って莫大な利益をあげており、それらに睨みを利かせていたのが、大野伴睦だった。

大野伴睦は名ばかりのコミッショナーではなく、日本プロレスの興行のまとめ役でもあった。その大野が亡くなったとあれば、権力の空白が生じたのは必然だったのだ。

新コミッショナー・川島正次郎

大野伴睦の死後、自民党副総裁の椅子に座ったのが川島正次郎である。その川島が日本プロレスのコミッショナーも引き継いだのは、ある思惑があったからだ。

そもそも、大野伴睦と川島正次郎の間には、浅からぬ因縁があった。「六〇年安保闘争」を起因とする、岸信介の辞職にともなう自民党総裁選において、本命と目された池田勇人に次いで名乗りをあげたのが大野伴睦と、岸内閣の副総理をつとめた石井光次郎だった。

このとき、岸派の一部を握っていた川島正次郎は「分裂すると池田には勝てない。ここは石井でまとまるのが得策だ」と持ちかけ、大野を総裁選から離脱させた。すると川島は、「大野を支援するつもりだったが、我が派は池田を支持する」と掌を返し、池田新総裁誕生に一役買ったばかりか、重要閣僚のポストを手に入れたのである。

この時期、読売新聞政治部に属し、大野伴睦の番記者だった渡邉恒雄は、著書『政治の密室』(雪華社)の中で「俺は川島に騙された」と号泣する大野の様子を描いている。

その大野伴睦の死後、自民党副総裁と日本プロレスコミッショナーという二つのポストを手に入れた川島正次郎が、大野の影響力を排除しようと考えたのは当然だろう。

この頃、彫刻家の松田喜三郎が制作中だった力道山の胸像が完成し、リキ・スポーツパレスの正面玄関ロビーに置かれた。

六月十九日にその除幕式が行われ、日本プロレス社長の百田敬子をはじめ、長女の千恵子、長男の義浩、次男の光雄、新コミッショナーの川島正次郎、のちに内閣総理大臣となる中曾根康弘、豊登以下所属レスラー、吉村義雄以下グループ会社社員ら関係者が五十名ほど集まった。

このとき、敬子は川島正次郎と対面している。前年の結婚披露宴には川島も列席したが、二人は言葉を交わしたわけではなかった。

それより、1章で触れたように、一九五五年十月三十日に三ツ沢競技場で催された神奈川国体・秋季大会の開会式で、現職の自治庁長官として列席したのが川島正次郎なら、君が代に合わせて日の丸の旗の紐を引いたのが「健康優良児・神奈川県代表」の百田敬子だった。

神奈川国体から九年後、コミッショナーと社長という立場で再会したのである。

1963年12月20日に行われた力道山の本葬で、喪主の百田敬子と次男の光雄（左）

本葬を終えて、赤坂の自宅にて、
左から百田敬子、小方寅一夫妻、右端は長男の百田義浩

9章
「暴力組織追放運動」

自民党副総裁、日本プロレスコミッショナーの川島正次郎（右）と

時計の針を、二カ月ほど巻き戻す。

一九六四年四月三日、日本プロレスのドル箱シリーズ「第6回ワールドリーグ戦」が、力道山亡きあと初めて開幕した。

その日の夕刻、羽田空港に一人の男が降り立った。馬場正平である。

馬場は羽田から蔵前国技館に直行し、覆面レスラーのカリプソ・ハリケーンと凱旋試合を行った。この夜、馬場正平ではなく「ジャイアント馬場」とコールされている。

遠征先のアメリカで、NWA、WWWF、WWAの世界三大王座に連続挑戦をするという実績を作った馬場は「力道山が死んで日本のプロレスは終わりだ。アメリカに残れ」と慰留するマネージャーのグレート東郷を振り切って、帰国したのである。

その背景には、日本プロレス協会副会長にして、地方興行の多くを仕切っていた山口組組長・田岡一雄の要請があったという説もある。おそらく、事実だろう。

力道山の死後、新しくエースとなった豊登道春は、得意の怪力殺法に加えて、空手チョップまで多用するなど、獅子奮迅の活躍を見せ、連日スポーツ紙の一面を飾った。しかし、いくら豊登が、朋輩である遠藤幸吉や吉村道明、芳の里淳三と協力して外国人レスラーを迎え撃とうと、本来は中堅選手にすぎない彼らに集客能力などあるはずもなく、観客の減少は目を覆うばかりとなった。いかに、力道山の存在が大きかったかということだ。

その危機的状況を、シビアなビジネスマンである田岡一雄が看過出来るはずもなく「海外で活躍する馬場を、すぐ呼び戻してくれ」と日本プロレスに要求しても何ら不思議はない。馬場自身も複雑な事情を考慮しながら、東郷と田岡を天秤にかけて、田岡を選んだことになる。

かくして、凱旋帰国をはたしたジャイアント馬場だったが、唯一の悩みは手頃な住まいがなかったことだ。しばらくはホテル暮らしでいいが、経費がかかりすぎる。かといって、日本プロレスの救世主として凱旋した自分が、前座の連中と同じ合宿所に転がり込むわけにもいかない。

そんなとき「リキアパートなら空き部屋があります」と声をかけたのが百田敬子だった。

「馬場さんが海外から帰国してすぐ『住む家がない』って言うんです。最初は七階の一室をお貸ししました。八十平米の角部屋でお家賃もいただいて、確か十万円だったかな」（田中敬子）

こんな話もある。

「夏になるとリキアパートのプールがオープンするんです。入場料は七十円。滑り台もあるし、芸能人も遊んでいたりする。楽しくて、毎日行ってました。そんなある日、ジャイアント馬場さんがプールにいたんです。馬場さんは私たちを見ると、水中に潜ってしばらく浮き上がって来ない。『死んだのかも』なんて友達と言い合ってたら、別の場所から『プハーッ』って突然浮き上がったんです。私たちが悲鳴をあげると、それを何度も繰り返したりして。だから、馬場さんって実は愉快な人なんですよ」（出生から現在まで赤坂に居住する宮川真実）

〝救世主〟ジャイアント馬場の活躍もあって、日本プロレスは完全に息を吹き返す。

当初は、力道山時代の半分にまで落ち込んだ視聴率も、30％台に回復するなど、再び人気コンテンツとしての価値を取り戻した。さらに、こういった話まで持ち上がる。

《これまで単なるウワサとしてささやかれていたある問題が、急に真実性をおびてきた。ジャイアント馬場と、力道山の長女、千恵子さん（20）の結婚問題がそれである。（中略）「馬場とチーちゃんの間に生まれた子なら、オリンピック選手はまちがいなし。日本のスポーツ界のためにも、二人は結婚すべきだよ」（豊登）「もしこの結婚が実現したら、地下のオヤジさんはひじょうに喜ぶでしょうね。ぼくの感じでは、オヤジさんが生きていたらとっくにこの話はまとまっていただろうと思います」（吉村道明）》（『週刊明星』１９６４年6月14日号）

これについて、田中敬子は「全部ガセ、与太話にマスコミが騒いだだけ」と苦笑する。

力道山の死から半年経って、日本プロレスの風景が少しずつ変わろうとしていた。

「奥さん」から「社長」へ

この頃、リキ・スポーツパレスの地下練習場に、見慣れない男性が姿を見せるようになった。若手レスラーの小鹿雷三が「あの人、最近よく見ますけど誰ですか」と先輩に尋ねると「あの人は奥さんのお父さん」と返ってきた。

「奥さんのお父さん？」

「新社長のお父さんだよ。娘が社長になったから、こうして、時々会社に来てるんだ」

茅ケ崎署長の田中勝五郎は、長女の敬子が五つの会社の社長に就任すると、時間を見つけては渋谷まで足を延ばし、娘の仕事ぶりを見守るようになっていた。

「そのうち『君は今日も頑張ってるね』『いつも、遠方からご苦労様です』なんて世間話をするようにもなって」(グレート小鹿)

小鹿がいつものように勝五郎と談笑していると「小鹿、ちょっと」と先輩が目配せをした。練習場から出るところう告げられた。

「お前、あの人に何でも喋っちゃ駄目だよ」

「どうしてですか」

先輩は声を潜めて言った。

「あの人、ウチの経営を乗っ取ろうとしてるって噂だから」

「本当ですか」

「ああ、だから、何か訊かれても『わかりませーん』って答えとけ」

後年、田中勝五郎はこう述懐している。

「敬子も身重のからだでかけまわったり、赤ん坊の世話をしながらの社長業で、そりゃァ大変だったが、なんといっても陰で苦労したのは私ですよ。結局はリキさんひとりの信用と実力でやっていた事業だし、プロレスの連中は経理のことなんか何もわからない人間ですからな」(『週刊ポスト』1970年8月14日号)

出産後、休む間もなく百田敬子は職場に戻った。生まれたばかりの浩美を家政婦に預けて、早々と社長業に復帰したのだ。

就任直後のように、決裁や稟議書に判をつくだけが仕事ではなかった。会議や打ち合わせはいつものことだし、電話もジャンジャン鳴った。いつか見た亡夫の姿が、二十三歳を迎えた自分に迫ってきた。当時、女性誌に寄稿した手記では、次のように心情を吐露している。

《私は自分の年齢を忘れました。力道山の未亡人として、会社の社長として、子どもたちの母親として、身にあまる重荷を背負って、耐えていこうと決心したのです。（中略）

能力も経験もない平凡な一人の女が、一人三役の大事業を切りまわす女に変身しようとしているのは、夫、力道山の愛情と信頼があればこそ、なのですから。そして、あなたの永遠不滅の名〝力道山〟が私たちに残されたものの最大の遺産であること、それを守らなければならないのですもの》（『婦人生活』１９６４年８月号）

「俺も最初は敬子さんを『奥さん』って呼んでたの。遠慮気味だったしね。でも、半年くらい経って、堂々と社長の雰囲気になってきた。覚悟を決めたと思うんだ」（グレート小鹿）

池上本門寺

この頃、百田敬子には別の問題までのしかかってきた。力道山の墓地問題である。

週刊誌の質問にこう答えている。

「淋しがりやの夫のことですから、思いたったときいつでも行けるように、できれば都内の家から近いところに決めたいと思っています。そういう条件で、いま方々を物色中ですが、百か日までには、なんとか決まると思います」（『週刊明星』１９６４年２月17日号）

しかし、百箇日法要までに決まることはなかった。条件の問題もそうだが「やくざに刺されて死んだ」というイメージから、騒ぎを恐れた寺社側に忌避されていたのだ。

半年ほど走り回った末に決まったのが、本葬を行った池上本門寺だった。

「最初は、長崎の小方さんが持ってきた話で『旧大村藩のお殿様の墓地の一角が空いている』って聞いたんです。話し合いに行ったら『使って下さい。力道山さんに殿様を守ってほしい』って言われて、本葬を行った縁もあるし、それで、池上本門寺のあの場所に決めました」（田中敬子）

一九六四年十二月十五日午前十一時から、各界の著名人三百人が参列して、力道山の一周忌法要が盛大に執り行われた。法要が終わると墓所に移動し、遺族による納骨式、児玉誉士夫の揮毫で「力道山之墓」と刻まれた石碑と、生前の姿が甦ったような胸像の除幕式も併せて行われた。

「年末、ご多忙の中にもかかわらず、こんなに大勢きていただき、死んだ主人は本当にしあわせ者です。（中略）豊登さんをはじめ選手の皆さんが、主人の分までも一生懸命ファイトしてくれるので、こんなにうれしいことはありません」（百田敬子のコメント／１９６４年12月16日付／スポーツニッポン）

「社長、とんでもない。これくらいでは絶対死んだ先生にほめてもらえない。来年は、もっとがんばりますからまかせてください」（豊登のコメント／同）

「社長、来年は先生が残していったインターナショナルをボクが必ずいただきます」（ジャイアント馬場のコメント／同）

気分も新たに新年を迎えられるはずだった。しかし、さらなる問題が噴出するのである。

暴力組織追放運動

自民党副総裁にして日本プロレスコミッショナーだった大野伴睦が、日本プロレスの興行のまとめ役として、睨みを利かせていたことはすでに触れた。

その大野伴睦の死後、後継の自民党副総裁に就任した川島正次郎が、まず行ったことは、政界とやくざの癒着を断ち切ることだった。

旧内務省入省後は警保局（現・警察庁）に配属され、議員転出後は、自治庁長官、行政管理庁長官、東京五輪担当大臣、札幌五輪招致委員会会長まで拝命した川島正次郎にとって、政界と裏社会の蜜月は由々しき事態にほかならず、その根絶に政治生命を懸けていた節さえある。元警察官僚としては当然だったろう。

そうでなくても、三年前の一九六一年二月、池田勇人内閣は「暴力犯罪防止対策要綱」を閣議決定している。東京五輪を三年後に控えて、治安強化を図る意味合いもあった。

にもかかわらず、それが思うように進んでいなかったのは「全国の博徒を団結させて、国内の共産主義勢力を押さえる」という児玉誉士夫の提唱に、自民党議員の多くが同調していたからだ。

その代表的存在が、党内きっての実力者である大野伴睦で、前述の自民党総裁選の折、川島が土壇場で大野を裏切ったのは、その辺りの事情もあったと見ていい。

しかし、大野伴睦が鬼籍に入ったことで「暴力組織追放」の方針に異を唱える者はいなくなった。「旧大野派を取り込まない限り、安定した党内運営は望めない」と考えていた川島正次郎にとって、政敵の死はまたとない機会で「やくざを押さえるには、資金源を断つことが最も近道だ」と睨んでいた。

では、この時代のやくざにとって最大の資金源とは何か。

飲食店から得るショバ代か、違法薬物の取引代金か、そうではない。

興行収益である。

川島が秘書の根本米太郎に命じて山口組の実態を調べさせると、西日本で行われる日本プロレスの興行の大半が、山口組によるものとわかった。

そもそも、最大の広域指定暴力団である山口組が巨大化するきっかけとなったのは、二代目組長・山口登の時代に浪曲興行を手掛けたことに始まる。当代一の人気浪曲師・二代目広澤虎造のマネージメントに携わり、一九三六年には〝拳聖〟ピストン堀口のボクシングの試合の興行権を得たことで、莫大な収入が転がり込んできた。

三代目組長・田岡一雄の時代も、その方針は堅持され、フロント企業となる神戸芸能社を立ち上げ、美空ひばりや田端義夫ら人気歌手を所属させる一方、力道山のプロレス興行とも関係を取り結ぶようになる。

一九六一年五月七日に、奈良市あやめ池遊園地で行われた「プロレス国際試合・奈良大会」は、当時としては最多となる一万七千人（札止め＝主催者発表）もの観客を動員している。この興行を仕切ったのは、山口組系柳川組組長の柳川次郎で、現在の価値で三億円もの収益をあげた。つまり、プロレスの興行は、山口組の重要な資金源となっていたのだ。

加えて、川島正次郎にとって座視出来ない問題もあった。山口組組長の田岡一雄は、六〇年安保闘争においてフィクサーの田中清玄と組んで、全学連委員長の唐牛健太郎を支援するなど、岸政権打倒に一役買ってもいた。岸信介総裁の下で自民党幹事長職にあった川島にとって、好き放題に動き回る田岡は、喰えない存在に映っていたはずである。

すなわち、川島正次郎が自民党副総裁に加え、日本プロレスコミッショナーまで引き継いだ理由はただ一つ。資金源となっているプロレス興行から山口組を切り離すために、自らコミッショナーとなって、直接メスを入れようとしたのだ。

手始めに、川島は日本プロレス協会の役員人事の刷新を思いつく。彼らを外して、影響力を削ぎ落とすのが先決だからだ。

このとき、日本プロレス協会会長は児玉誉士夫、副会長は田岡一雄と町井久之である。

副会長

山口組組長の田岡一雄と、東声会会長の町井久之という東西を二分する大物やくざが、日本プロレス協会副会長に就任したのは、力道山が亡くなって間もない一九六四年一月のことである。

「主人が亡くなると『俺は力道山の友達だ』とか『興行を譲ってもらう約束をした』って、大勢のやくざが会社に押し寄せたんです。見かねた児玉先生が会長となって、田岡さんと町井さんに声をかけて、副会長って役職を作って下さった。そうすることで防波堤になってくれたんです。あのときそうしてなかったら、日本プロレスは間違いなく潰れてましたよ」（田中敬子）

「毒を以て毒を制す」とは常套句だが、この結果、山口組と東声会を中心とした興行形式が定着し、その矢先に始まった「暴力組織追放運動」において、田岡一雄と町井久之をナンバー2に戴く日本プロレスが糾弾されたのは、皮肉なようだが、ある意味において必然だったのである。

年が明けて、一九六五年二月十七日、日本プロレスは、四月十八日に予定していた神戸大会の中止を発表した。会場である神戸市立体育館から「山口組が実質的な主催者であるプロレスの興行には会場を貸せない」と通達されたからだ。

これを受けて、警視庁捜査四課は「田岡と町井を副会長から外すように」と行政指導に乗り出した。しかし、既得権益とも言うべき副会長の椅子を、彼らが容易く手離すとは思えず、それどころか、配下の構成員が暴発する危険性すらあった。

豊登道春、遠藤幸吉、吉村道明、芳の里淳三の、日本プロレスの四人の幹部レスラーが揃って川島正次郎の事務所に呼び出されたのは、一九六五年二月中旬のことだという。呼びつけた川島は四人にこう告げた。

「政府は暴力組織追放運動に本腰を入れることになった。与党の副総裁である私がコミッショナーを任された以上、田岡さんと町井さんを、日本プロレスの副会長に据えるわけにいかない」

全員が首肯しただろうが「そんなにうまくいくものだろうか」と誰もが感じたはずだ。いくら、自民党副総裁がそう決めようと、最大の広域指定暴力団の親分を組織から追放するのは容易ではなく、そうでなくても、興行の多くを山口組に依存しているのだ。

そこで、川島正次郎はこう言ったという。

「この際だから、未亡人も社長から一緒に降りてもらってはどうだろう」

川島正次郎の真意は、おそらく、こういうことである。

「田岡一雄や町井久之が副会長でいるのは、未亡人の後ろ盾でいるため。その未亡人が社長から降りたら、彼らが副会長に留まる理由もなくなる」

退任

前年の暮れに、一周忌法要と納骨式をやり終えた百田敬子は「来年の抱負は?」という記者の質問にこう答えている。

「今年は仕事に追われて、家庭のことや子どもたちのことを少しもみてあげられなかったけど、来年はチーちゃん(長女千恵子さん)のおむこさんをさがしたり、ヨッちゃん(長男義浩君・慶大1年)やミッちゃん(次男光雄君・森村学園高校三年)の学校や将来のこと、浩美の育児などにも時間をさいていきたいと思っています」(『週刊明星』1964年12月20日号)

その百田敬子に、豊登、遠藤、吉村、芳の里の四人の幹部レスラーが話し合いを申し入れたのは、一九六五年二月下旬のことだ。

「その話をしたのは、リキパレスの八階の社長室だった気もするし、二階のレストランだった気もするし、自宅だった気もするし、どこかの料亭だった気もする」と八十二歳になった田中敬子は首を傾げる。

四人は社長の敬子に直訴した。

「日本プロレスの代表の椅子を譲っていただきたいのですが」

「どういうことです?」

「我々の手で経営をしたいのです」

突然のことに、敬子が二の句を継げずにいると、リーダー格の豊登がこう付け加えた。

「というのも、『百田』の名前があると、今は会場を借りられないんです。いずれにしても、この話は川島先生の意向でもありますから」

敬子は軽い衝撃を覚えた。四月の神戸大会が中止になったのも、二月二十六日に迫った東京体育館大会が世間の批判に晒されているのも、社長として把握してはいたが、理由の一端が自身にあるとは思いもしなかったからだ。

しばらく思案した末に、敬子はこう答えた。

「では、一つだけ条件があります。長男の義浩が大学を卒業したら、代表を義浩に譲ってやってもらえますか」

豊登は即答した。

「もちろんです。力道山先生が作った会社を、先生の令息にお返しするのは当然のことです」

「わかりました。では、お譲りしましょう」

この瞬間、リキグループ五社のうち、日本プロレス興業株式会社のみ、百田敬子の手から離れたのである。

本物の戦い

《日本プロレス協会（児玉誉士夫会長）では、午後三時から渋谷のリキ・スポーツ・パレスに関係者が集まり暴力団との結びつきの疑惑を一掃するため、協会内部の暴力団関係者が正式に辞任、同協会と密接な関係にある、日本プロレス興業会社（力道山未亡人、百田敬子社長）でも、役員一新の方針を決めた》（1965年2月23日付／読売新聞）

右の記事にあるように、日本プロレスは、田岡一雄、町井久之、平野富士松（東声会幹部）の三人の副会長を退任させ、そのポストも廃止。併せて、次のような規約まで設けた。

「自主興行は日本プロレス興業名で行い、協会名は一切使用しない」「試合には日本プロレスリングコミッショナーの認定書を交付する」「売り興行は地元の警察の指示に従い、暴力団と見なされる団体とは取引を行わず、善良なる興行会社、公共団体、商工会議所と提携して行う」

続いて、日本プロレス興業株式会社の人事改編も発表され、代表取締役社長の百田敬子が退任、豊登が新たに社長に就任した。これを受けて、日本プロレスの人事は次の通りとなった。

「代表取締役・定野道春（豊登）／副社長・長谷川淳三（芳の里）／専務取締役・吉村道明／常務取締役・遠藤幸吉／取締役・大坪義雄（九州山）・押山保明・ユセフ・トルコ・馬場正平」

四日後の一九六五年二月二十六日、千駄ヶ谷の東京体育館に一万人の観衆を集めて行われた「WWA世界ヘビー級タイトルマッチ／王者・豊登道春対挑戦者・ザ・デストロイヤー」の61分3本勝負は、豊登が、1―1の時間切れ引き分けで王座を防衛、エースの面目を保った。

実はこのとき、会場の外でも戦いが繰り広げられていた。

田岡一雄と町井久之の退任を不服とする、山口組と東声会の構成員百五十人が敷地内に侵入、会場に雪崩れ込もうとするのを阻止しようと、原宿警察署一個小隊三十五人、私服警察十五人が、やくざと小競り合いを繰り返していたのである。

「あのとき、選手は皆、発砲は必至だと覚悟していました。暴力団か警官か、どちらかが発砲していたら、場内の客にケガ人か死者が出たでしょう。そうなれば、当然プロレスは終わっていたと思います」（この日、東京体育館にいた元プロレスラーのマティ鈴木のコメント／『日本プロレス事件史ｖｏｌ・３』）

この時期に日本プロレスの社長を退任したことについて、田中敬子はこう振り返る。

「私個人としては、川島先生にはいい記憶しかありません。上品でスマートな方だし、これは後の話になるけど、韓国に連れて行っていただいたこともあります。国賓級の扱いでした。日本プロレスの役員人事に関する具体的な話は、随分と後になって知りました。『そうだったんだ』って思っただけで、その頃には先生も亡くなっていたし、何の恨みもありません」

「それに、本音を言うと、日本プロレスの社長を降りたときは、肩の荷が下りた感じがしていました。だって、プロレスの興行はレスラーに任せた方がいいに決まってるでしょう。どのみち、相模湖畔のゴルフ場建設の方に集中したかったしね」

しかし、これが組織改編の美名に隠された罠だということに、敬子自身、この時点ではまったく気付いていなかった。

リキアパートのプールにて。
浩美を抱く敬子と話している女性が中尾ミエ

10
章

「女の意地」

1歳の誕生日を迎えた浩美と百田敬子

日本プロレスの代表取締役を退任しても、百田敬子の生活にさほど変わりはなかった。むしろ、ゴルフ場建設に注力するようになった分、働く時間は増したような気がした。

四月のある日、リキ・スポーツパレス八階の社長室に籠って雑務に追われていると、吉村義雄が「ちょっと、いいですか」と無精ひげを生やした、精悍な顔つきの青年を連れて入って来た。

「こちらがクラブのオーナーさんだ。ご挨拶して」

青年は片言の日本語で言った。

「社長さん、ポールです。よろしく」

きょとんとしている敬子に、吉村は苦笑しながら言った。

「すみません、この男はハワイの日系三世で、ウチのクラブに所属するボクサーなんです。こないだまで、故郷のホノルルで修行を積ませていて、ようやく東京に戻って来たんです」

「ああ、日系の方ですか」

「そう、社長さん、どうも」

前年十二月以来、ホノルルで試合を重ね、四月十七日に東京に舞い戻って来たこの男こそ、ポール・タケシ・フジイ。リングネーム・藤猛《ふじたけし》である。

一九四〇年ハワイ生まれ。米国海兵隊入隊後ボクシングを体得し、フェザー・ウェルター・ジュニアウェルター級のアマチュア選手権を制覇。一九六二年には全ハワイ選手権を獲得し、二年後、横須賀で除隊すると、リキ・スポーツパレス地下のリキボクシングクラブに入門、プロデビューから連勝街道を走り、最近、日本ランキングに入ったばかりだった。

吉村は青年だけ退出させると「で、ご相談ですけど」と言った。

「あの日系三世ですが、このたび、日本ランキングに入ったんで、タイトルマッチを組んでみようと思うのですが」

この時点で10戦10勝（7KO）の戦績を持つ藤猛は、米国籍ではあるが、日本のボクシングジムに所属しているとあって、日本ジュニアウェルター級5位にランクインしていた。

本来なら、一戦挟んでタイトルマッチに挑戦させたいところだが、このとき、日本ジュニアウェルター級王座は空位。そこで、興行権を持つ極東プロモーションに所属するランキング1位・笹崎那華雄との王座決定戦にエントリーしようというのだった。

それを聞いて「いいんじゃないですか」と敬子は軽く答えた。すると、吉村はぐいっと乗り出してこう言った。

「いやね、ちょっと、金がかかるんですよ」

「金？」

興行権を握るジムの所属選手と王座決定戦を戦うということは、対戦相手の所属ジムがファイトマネーを負担するのがボクシング界の通例であり「大手のジムに所属すると有利」と言われる所以でもある。

「日本人のヘビー級世界王者を誕生させたい」という大願を抱いた力道山が、周囲の反対を押し切って、リキボクシングクラブを発足させたのが一九六二年二月。オーナーは力道山、会長には元毎日新聞記者の伊集院浩を迎えて、吉村義雄はマネージャーとしてジムを切り回していた。

このとき、トレーナーとしてハワイから招聘したのが「クラブリキ」の専属歌手だった森サカエの義兄で、父親がアメリカ人、母親が日本人の二世だった。その後、日本に永住して、柴田国明、ガッツ石松、井岡弘樹など六人の世界王者を育てることになるエディ・タウンゼントである。

「もともと、俺はレスラー志望で日本プロレスの門を叩いたの。それで、赤坂の合宿所に入ったんだけど、ある日、力道山先生に『今度、ボクシングの道場を始めることにしたから、お前はそっちに入れ』って言われて、それでボクシングを始めたわけ」

現役引退後は金融業を手掛けながら、映画『００７／黄金の銃を持つ男』に、ジェームス・ボンドと戦う力士役として出演した経歴を持つ琴音隆裕は、右の理由で、リキボクシングクラブ第一号選手となった。「琴音竜」のリングネームで、一九六二年の東日本ミドル級新人王に輝いてもいる。

力道山の知名度もあって、リキボクシングクラブには大勢の入門志願者が押し寄せた。地下の練習場はプロレスと共有して使用され、午前九時から午後二時までがプロレス、午後二時から夜十時までがボクシングと決められた。日本プロレスと新日本プロレスで長く中堅レスラーとして活躍した星野勘太郎は、もとは、リキボクシングクラブの練習生である。

「プロレスの練習が終わった後、居残って、ボクシングの練習をすることもありました。そうしたら、ある日、トレーナーのエディさんに『ユー、やらない？　ボクシング。リーチが長いから向いてる』って誘われたことがあった」（グレート小鹿）

しかし、オープンから一年後の一九六三年二月に会長の伊集院浩が割腹自殺、十二月にオーナーの力道山が不慮の死を遂げると、クラブは閉鎖の危機に追い込まれた。

その翌月に門を叩いたのが藤猛だった。ハワイ時代から顔見知りだったエディ・タウンゼントが「ウチに来ないか」と誘ったのだ。

ボクシングビジネス

プロレスさえ、ほとんど見たことのなかった敬子にとって、ボクシングは、完全に未知の領域だった。

「人気があったのは知っています。でも、プロレスですらそうなんだから、私は興味も関心もなくて、社長に就任しても形の上だけのこと。全部、吉村さんに任せていたんです」（田中敬子）

しかし、プロレスの経営から手を引いたことで、ボクシングの業務も視界に入るようになる。交渉のとりまとめは会長職の吉村義雄が行うが、決定権はオーナーである敬子自身にあるのだ。

日本ジュニアウェルター級1位・笹崎那華雄の所属先である極東プロモーションは、王座決定戦の対戦相手を、最も条件のいい相手から選べる立場にあった。藤猛のランキングは5位、優先順位でいえば四番手となる。つまり、序列を飛び越えるだけのギャランティを用意する必要があるということだ。

そこで、吉村は極東プロモーション代表の小高伊和夫に百万円を提示した。現在の価値で四百万円ほどになる。ボクシング人気が過熱していたこの時代においても、日本タイトルマッチでこのファイトマネーは破格で「チャンスを逃したくない」と思った吉村は、敬子に決裁を迫ったのである。

「やりましょう、社長」

吉村のいつにない気迫に押されて、敬子は「い、いいでしょう」と折れた。それを聞いて「ありがとうございます」と言うと、吉村は脱兎の如く社長室から飛び出していった。

一人になって、敬子は考えた。

思えば「日本プロレスの社長を譲ってほしい」と豊登に迫られたときも、一筆書くことすらせず首肯したし、今回も大金の支払いがあるのに深く考えず、気圧されるがまま許可した。吉村は「小娘ってちょろいな」と今頃、せせら笑っているのかもしれない。

ただ、子供のようにたどたどしい口振りとは対照的な、野生児のような青年の風貌を顧みて、「面白そうなことが起きるかも」と感じ入ったのも事実だった。

夢の契約

一九六五年六月十七日、後楽園ホールで行われた「日本ジュニアウェルター級王座決定戦／同級１位・笹崎那華雄（極東）対同級３位・藤猛（リキ）」は、日本のボクシング記録に残る一戦となった。

開始のゴングと同時に、藤は獣のように襲いかかる。左右の連打から左フックが早くも笹崎の顎を捕らえると、負けじと笹崎も応戦し、右ストレートを炸裂させると、藤の膝がガクンと折れた。異様な興奮の中、プロレスとは異なるスピーディーな攻防に、敬子は大きく眼を見開いた。
それでも、藤は休む間もなく、ダッキングで笹崎の視界から消えると、左右のボディフック。笹崎が肘でブロックすると、再び強烈な左フックをテンプルに叩き込む。意地で打ち返す笹崎だが、下半身に力が入らない。藤はまたもや左右の連打を浴びせ、フィニッシュブロウは右フック。笹崎ダウン。どうにか立ち上がるも、ダメージは大きく、レフェリーはテンカウントを数えた。
1R45秒、日本タイトルマッチ史上最短記録で、藤猛が日本ジュニアウェルター級王座を獲得した。ちなみに、この記録は日本フライ級王者の内藤大助（宮田）が、小嶋武幸（横浜さくら）を1R24秒で倒した二〇〇四年まで破られていない。
「相手？　強かった。ボクより体は大きいもの（中略）ボクの今夜の作戦？　初めから打っていって早い回に倒すつもりだった（中略）相手のパンチは強かったがちゃんと当たらなかった」（藤猛のコメント／1965年6月18日付／スポーツニッポン）
リングサイドで観戦していた敬子も、コメントを求められた。
「重量級選手の育成には一番力を入れていました。これからは一日も早く主人の念願だった重量級の世界チャンピオンがジムから出ることだけを祈っています」（同）
数日後のことである。対戦相手の笹崎那華雄の所属する、極東プロモーション会長の小高伊和夫が、TBSテレビ運動部副部長の森忠大を伴って、リキパレス八階の社長室を訪ねてきた。

「お宅の藤猛君のプロモートを、ウチに任せてもらえませんか」

敬子は話が呑み込めずにいたが、隣の吉村義雄の表情が変わったことに気付いた。

「彼は凄い。あれは世界を狙える逸材です。ウチのプロモートで試合のスケジュールを組み、年内に世界ランカーに入れます。それをTBSに全面的に支援してもらいます」

TBS運動部の森忠大も熱っぽく語る。

「ウチの『東洋チャンピオンスカウト』で顔を売ります。マッチメイクは小高会長にお任せするとして、当然、世界戦まで責任を持ってお支えします。それに、リキボクシングクラブの他の選手の試合も優先的に流します」

敬子が口を開く前に、吉村が「ほ、本当ですか」と興奮気味に言った。

つまるところ、この時代の最大手ボクシングプロモーションである極東プロの主催興行に随時出場することで、TBSから入ってくる放映料を含むファイトマネーも支払われ、加えて、世界タイトルマッチまでのレールを敷いてもらえるという、破格の条件を提示してきたのだ。それだけ、極東プロもTBSもあの一戦で、藤猛の商品価値を見出したことになる。

この時代のボクシングの世界タイトルマッチは、文字通り国家行事であり、世界王者になれば、莫大なファイトマネーが転がり込んでくることを意味した。

一カ月前の一九六五年五月十八日、エデル・ジョフレ（ブラジル）を破り、日本人初の世界二階級制覇を成し遂げたファイティング原田のファイトマネーは、一試合につき三千万円（現在の価値で約一億二千万円）と報じられていた。興奮するなというのが無理な話である。

「では、契約を交わしましょう。契約金は五百万（同、二千万円）でどうですか」

敬子は言葉を失った。そんな好条件の上に、法外な契約金まで支払うというのだ。

「社長」と吉村に促され「あ、それで結構です」と敬子は慌てて答えた。

伏魔殿

百田敬子が代表取締役の座を降りてからの日本プロレスは、新社長である豊登の下で斬新な施策を打ち出していた。

まずは、アマチュアの有望選手のスカウトである。これまでの日本プロレスは、多くが大相撲出身者で占められ「角界のお払い箱」と揶揄されていた。しかし、ジャイアント馬場とアントニオ猪木の成功もあり、大相撲以外の他競技のアスリートに触手を伸ばしたのである。

手始めに、前年の東京五輪レスリング日本代表の斎藤昌典（のちのマサ斎藤）と、杉山恒治（のちのサンダー杉山）をスカウトし、ラグビー日本代表の草津正武（のちのグレート草津）の入団も発表するなど、新体制の陣容は着々と整いつつあった。

その上、豊登と馬場の「ＴＢコンビ」が人気を博し、豊登の二連覇で幕を閉じた「ワールドリーグ戦」は前年を上回る十八万人を動員、六月からスタートの「ゴールデンシリーズ」においては、力道山時代をも超える、日本プロレス発足史上新記録となる二十四万人の動員記録を打ち立てた。併せて、日本テレビの視聴率も常時30％をマークするなど、力道山の死を完全に払拭したかに見えた。

「シリーズではこれまでに行っていない、いわば未開拓地での興行が多かった。ファン層を一段と広くしたことは、今後の興行に大きくプラスするだろう。また、すでに行われているところでも、前回を上回る入りを示していたのは心強い」(日本プロレス取締役の押山保明のコメント／1965年7月17日付／スポーツニッポン)

この状況は、前社長である百田敬子にとっても喜ばしい話に違いなかった。相模湖畔のゴルフ場「レイク・サイド・カントリー」の総工費十七億円が大きくのしかかっており、資金の大半を、日本プロレスの興行収益に依存しようと考えていたからだ。

しかしである。リキエンタープライズ専務の吉村義雄が、資金繰りの相談をしようにも、社長である豊登をはじめ、重役の芳の里も遠藤幸吉も応対しなくなった。敬子が直接、話をしようと三階の日本プロレスのオフィスに降りても、彼らの姿はない。後でわかったことだが、日本プロレスはこの時点で、秘かに青山に事務所を移していたのである。

「この頃、プロレスの興行収益は凄く上がっていて、一シリーズ三千万円、今なら一億円以上です。その上、日本テレビから放映料が毎月五千万円も入ってきていた。それなのに、私が社長を降りた途端にこの収益が入らなくなった。吉村さんも主人の個人秘書だった人なので、レスラーを相手にそうそう強く出られない。だから『おかしいなあ』っていう状況が続くようになったんです」(田中敬子)

実はここに、日本プロレスの社長交代劇の真の理由があったのである。

罠

前章で述べたように、自民党副総裁にして、日本プロレスコミッショナーの川島正次郎が「未亡人は日本プロレスの社長から降りてもらおう」と考えたのは、田岡一雄と町井久之を日本プロレス協会副会長から放逐するためである。

力道山の死後、児玉誉士夫が協会会長、田岡と町井が新設された副会長に就いたのは、日本プロレスをやくざから守るためであり、未亡人社長の後ろ盾を意味した。未亡人が社長の椅子を手放したら、彼らが協会に留まる理由が消失するのは道理である。

当初はいささか混乱した新人事だったが、次第に安定を取り戻すようになる。百田敬子に代って日本プロレスの新社長に就任した豊登道春は、次のように語っている。

「人事を刷新して、地方での興行も当局の指示のもとに、疑惑の持たれない興行主と提携している現在、ワシらの一番大事な仕事は、当事者に説明して、以前の疑惑を一日も早く解消させること」（１９６５年3月20日付／スポーツニッポン）

しかし、豊登以下幹部が、日本プロレスの社長の椅子を欲したのは、別の思惑があった。

「本音は借金の問題。このとき、リキエンタープライズは何億もの負債を抱えていて、プロレスの興行収入から補塡するしかなかった。でも、豊登も芳の里もそれを嫌がったものだから、敬子さんから経営を取り上げた。先生が生きていたらそんなことは出来ないけど、若い未亡人なら、赤子の手を捻るようなもんだから」（リキボクシングクラブ第一号選手だった琴音隆裕）

「レスラーにとって金と人情は別」と語るのは、ニューラテンクォーターのオーナーだった山本信太郎である。

「日本プロレスの幹部だった遠藤幸吉さんはウチの常連で、リキさんが亡くなった後も顔を見せてくれていました。私自身は、店が事件現場になったのが申し訳なくて、敬子さんに直接、連絡出来なくなった。だから、日本プロレスの情報の多くは遠藤さんから仕入れていたんです」

あるとき、酔っ払った遠藤が、山本にこう洩らしたという。

「リキが遺した負債が十億以上もあるんだぜ。それを吸い取られるんだから、やってられんよ」

「例の相模湖のゴルフ場ですか」

「そうだよ、だから早くに手を打たんと、プロレスまで共倒れになってしまう」

このやりとりを記憶する山本信太郎は、次のように補足する。

「遠藤さんもリキさんへの恩義はあったと思います。でも、お金の問題はまた別なんです。それに、ゴルフ場の資金繰りが深刻なことになっていたのは、私も別の人から聞いていました。『あれはリキさんがいればやれたかもしれないけど』って。だから『これは敬子さん、大変なことになる』って危惧していました。そして、それが現実のものとなるんです」

リキ・スポーツパレス

相模湖畔で建設中のゴルフ場「レイク・サイド・カントリー」だが、当初の計画では一九六四年十月四日オープンとなっていた。

その後も「予定通り、一九六四年十月四日に間に合わせます」と言い切った百田敬子だったが、しばらくして「来年一九六六年春のオープン」に計画は変更となった。

しかし、それすらも延期となった。

「考えてもみて下さい。五十二万坪の広さの工事なんて、まとまった資金がないと始められないんです。だって、山を削ったりするんだもの。ハウスも建ててないし、芝生さえもまだ植えてない。要は資金繰りの予定がついてなかったんです」(田中敬子)

にもかかわらず、資金の凍結である。明らかに無謀な計画だが、中止は考えなかった。

「主人の悲願だもの。あの人はゴルフが大好きだったし……。それで『レース場や遊園地は諦めて、ゴルフ場だけでも自力でやってみせる』って決めたんです」

資金を工面するには、銀行から融資を受ければいいようにも思うのだが、目一杯借りていて、融資どころか返済に追われていた。

そこで、敬子は賭けに出る。

＊

「相撲に国技館があるように、プロレスにも殿堂を造りたい」と当時のお金で十五億円の巨費を投じた力道山が、着工から僅か三年で渋谷区大和田町(現・渋谷区道玄坂)に完成させたのが、リキ・スポーツパレスだった。

土地二千坪、地上九階地下一階の巨大な建造物のフロアは、多少の入れ替わりはあったものの次の通りである。

地下・練習場／一階・リキボウル（ボウリング場）／二階・リキレストラン・リキトルコ（サウナ）／三階・試合会場・日本プロレスオフィス／四階・リキボクシングクラブオフィス／五階・リキスポーツオフィス・リキ観光開発オフィス／六階・リキエンタープライズオフィス／七階・東京セントラルクリニック（東京中央診療所）／八階・社長室・トレーニングジム。

三階の試合会場は円形のすり鉢状で、一階席のアリーナが千五百、二階席が固定席で六百二十七、立ち見も入れて二千五百人収容可能となる。プロレスとボクシングの常打ち会場として使用されたが、力道山の死後はコンサートや、キックボクシングの興行にも貸し出している。

敬子は、このリキ・スポーツパレスを抵当に入れて、融資の話を始めたのだ。

そこで、頼ったのが西山正行なる男だった。

西山興業

かつて、北海道沙流郡日高町に、400ヘクタールという、日本最大の敷地面積を誇る「西山牧場」なる競走馬の育成牧場があった。

そこからは、七三年「スプリンターズステークス」、七四年「安田記念」を制したキョウエイグリーンや、七四、七五年と二年連続で「スプリンターズステークス」を制したサクライワイなど、多くの名馬を輩出してきた。九〇年代も「JRA最優秀スプリンター」に選ばれたニシノフラワーなどを輩出するも、二〇〇八年にアラブ首長国連邦ドバイの首長が代表をつとめる「ダーレー・ジャパン・ファーム」に売却したため、現在は、その名前だけが残されている。

この「西山牧場」のオーナーだったのが、西山正行だった。

戦後、進駐軍相手のキャバレーで財を成し、銀座で高級クラブを経営。その後は不動産経営に乗り出し、政治家や芸能人のタニマチとしても名を馳せた。馬主兼生産者（オーナーブリーダー）としても高く評価されている。

生前の力道山と付き合いのあった西山は「奥様、何かお困りのときはいつでも言って下さい」と事あるごとに言ってきていた。「融資しますよ」ということだ。

敬子は「西山興業は金利が高い」という評判に二の足を踏んでいた。ただでさえ、金策に苦しんでいるのに、高利に足を絡め取られては、経営が圧迫するのは目に見えている。

そうは言っても、資金が用立てられないと、いつまで経ってもゴルフ場は完成しない。悩んだ末に融資を受けることに決めた。

「敬子さんと西山をつないだのは俺なんだ。西山とは前から顔見知りだったから。金額は四千万円、今の価値なら一億五千万円くらいかな。金利は年15％ほど。結構な額だよ」（琴音隆裕）

さらに「代物弁済」が条件として付け加えられた。返済期日が守られない場合、強制的に抵当は持っていかれるというわけだ。

「奥様、よろしいですか」

「ええ、お願いします」

このとき、敬子が下した決断が、その後の日本のプロレス界の勢力図をも変えることになるのだが、本人はもちろん、周囲の関係者も、この時点では誰一人として気付いていなかった。

リキアパート前にて、飼っていたヨークシャーテリアと

11章

「再婚報道」

力道山墓所にて、左から百田敬子、ルー・テーズ、沖識名

一九六五年八月十五日から三週間、日本プロレスのエース・豊登道春がアメリカ遠征に出発した。その間、ナンバー2のジャイアント馬場が留守を任されることになった。

興行的に苦戦すると思われた「サマーシリーズ」だったが、豊登不在の影響はさほどもなく、連日、満員の観客で溢れた。日本プロレスの幹部は「馬場だけでもやっていける」と認識したに違いなく、この一件が、年末から新年にかけて起こる事件の伏線となる。

好況に沸く日本プロレスとは対照的に、親会社のリキエンタープライズは窮地に立たされていた。西山興業から四千万円（現在の価値で約一億六千万円）の融資を受けて、ようやく、相模湖畔のゴルフ場建設に着手したが、早くも暗礁に乗り上げていたからだ。

まず、天候に恵まれなかった。神奈川県北部を集中豪雨が襲い、何度も土砂崩れが起きた。これでは山を切り崩すどころではなく、工事が中断したどころか道路が塞がって、トラックが何日間も足止めを食った。想定外の費用がかさんだことで、社長である百田敬子も現地に足を運び、担当者と折衝を繰り返したが、さすがに埒が明かなかった。

「今は工事をストップして寝かせておけばいいだろう」と言う人もいたが、そうはいかない。五十二万坪の購入資金は負債として残っている。日本プロレスの援助を当てに出来ない今となっては、早く完成させてゴルフ場として開業させない限り、金利だけが日がな増えていくのである。

敬子は負けていられなかった。亡夫の悲願を自らの手で成し遂げたかったし「あんな小娘に無理」と見くびっている連中を、見返してやりたくもあった。それに「ゴルフ場が完成したらすべての役職から離れて、こっちに引っ越して、毎日ゴルフをしながら、のんびり暮らすのも悪くない」とさえ思っていた。

そのためには今が正念場なのだ。自分にそう言い聞かせた。しかし、状況は日に日に悪化する。

「職業柄、私のところにはいろんな情報が入ってきていたのですが、例の相模湖の件は、聞けば聞くほど、難しい気がしていました。そもそも、西山興業は高利貸しですからね。そこに融資を頼むのは、あちこちから断られたってことです。もし、リキさんが生きていても、この計画は二の足を踏んだかもしれませんね」（山本信太郎）

奥さんのためなら

数カ月経ったある日、リキ観光開発の社員で、敬子の従兄弟にあたる岡崎一臣が現地から戻って来た。敬子と顔を合わせると、いきなりこうこぼした。

「ゴルフ場って本当にやばいよ。ここまで金を喰うとは思わなかった。山の斜面を削って平坦にしたり、穴を掘ったり、その都度、金が飛んでいくんだもの」

「そんなことわかってるわよ。そのために、早く完成させるんじゃない」

「だけどさ、完成しても、整備から何から死ぬほど金がかかるよ。永遠に金を吸い取られるんじゃないか」

事実、西山興業から融資された四千万円のうち、三カ月で半分近く溶かしており、第二次融資を検討する段階にきていた。敬子はその気でいたが、周囲はそれを許さなかった。

当時の週刊誌は実情を伝えている。

《ゴルフ場の建設は、無限に金を食う仕事である。それを力道山は、彼個人の信用だけでまかなってきた。当然、彼の死とともに、資金源はぱったり閉ざされた。敬子未亡人には、その資金源がどこであるかということさえ容易にわからない。加えて経済界の不況である。工事はほとんど進まなくなった》（『週刊明星』１９６６年1月23日号）

程なくして、力道山の土地開発のブレーンだった人物が敬子を訪ねてきた。開口一番「これ以上の工事は、得策ではありません」と忠告した。

「計画通りに工事が進むなら、このまま続けるのもいいのですが、私が見た限り、あの段階では、来年中に完成しないと思います。地形の問題もあるんです。となると、ゴルフ場が完成する前に会社がどうなるか」

「でも、ここまでやったんですもの」

「お気持ちはわかりますが、傷の浅いうちに引くべきかと存じます」

同席したリキ観光開発の社員全員が押し黙っていた。おそらく、同意しているのだ。敬子は「しばらく、考えさせて下さい」と言ったが、就寝する頃には答えはもう出ていた。

翌朝、敬子は社員を前にこう告げた。

「ゴルフ場の計画は中止します」

断腸の決断だった。亡夫の遺志も大切だが、経営者として社員を路頭に迷わすわけにいかなかったのだ。この瞬間、力道山が夢見た人型レジャーランド計画は、呆気なく潰えた。

《力道山が計画したゴルフ場は相模湖を見おろす景勝の地であったがその地形はあまりにも悪かった。もう少しゴルフ場用地として適格であったならば、完成していただろう。力道山はゴルフ場の現地で「あの山とこの山をぶっつぶして、つなげてしまおう」とよく言っていたが、それも力道山の口から聞いていると、別に不思議とも思えなかった。しかしそれは力道山でなければいえないことであり、実現できないことであったのだ。もし「レイクサイドカントリークラブ」が完成していたら、日本のゴルフ界はもっとスケールが大きくなり、発展もしただろう。ゴルフ界にとっても、まことに惜しい人物であったわけだ》（1966年1月29日付／東京スポーツ）

問題はまだ残っていた。会員の処遇である。一次会員を八十万円、二次会員を五十万円で売って三百二十六人もの会員を集めていたが、宙に浮いた彼らの行き先を探さねばならない。敬子は虚しくなる気分を押さえながら奔走し、元毎日新聞記者の高石真五郎が会長をつとめる成田カントリークラブが、全員を横滑りさせて引き受けてくれた。

また、五十二万坪にも及ぶ広大な土地は、「力道山先生の奥さんのためなら」と開成商事なる会社が名乗り出て、驚くことに、十七億円をそのまま肩代わりしてくれた。

ちなみに、開成商事はこの土地を三井物産に転売し、一九七二年に大型レジャーランド「さがみ湖ピクニックランド」として開園している。二〇〇六年には富士急行が経営権を買い取り、現在は遊園地やキャンプ場を併設する「さがみ湖リゾートプレジャーフォレスト」となっている。

誰も教えてくれない

《父の死後、母は家庭と仕事を両立させて、私たちのためにがんばってくれています。生前から相談にあずかっていたのならともかく、ワンマンだった父は、すべてを自分の胸ひとつに納めたまま突然死んでしまったのですから、あとをついで社長になった母の苦労はたいへんなものでした。それでも、努力家の母は、一生懸命に勉強して仕事を覚え、2年たった今では、敬子社長といってもおかしくはなくなりました》（力道山の長女、百田千恵子の手記／『週刊明星』１９６6年1月23日号）

百田敬子は、今まで経験したことのないような、深い挫折を味わっていた。

これまでの人生が、言うほど順風満帆だったとも思わないが「人は努力した分、報われる」と信じていたし、事実そうであるはずだった。しかし、努力しようが苦労しようが、報われない世界があることを、二十四歳にして初めて知った。

ゴルフ場の残務処理が一通り片付いた一九六五年秋のことである。きっかけは、リキエンタープライズの経理を任せていた富沢信太郎の、何気ない一言だったという。

「ところで、この先、相続税の支払いはどうされるおつもりですか」

「どうするって、前に話した通りですよ。十年の年賦で払います」

そう言うと、富沢は怪訝そうに返した。

「年利が一億も付きますがいいんですか。それと、前社長の追徴課税が、まるまる残っていますから、合算すると四億五千万円（現在の価値で約十八億円）になるんですけど」

敬子は引っくり返りそうになった。

「このときは、本当に驚きました。『二億は十年かけてゆっくり返していけばいいや』なんて呑気に思っていたんです。人のせいにするわけじゃないけど『何で誰も教えてくれないのよ』って悲しかった。何も知らない私が馬鹿なんだけど、要するに、ゴルフ場どころじゃなかったってこと。それを知ってたら日本プロレスだって渡してません。渡すわけがないわよ」

ここから、返済地獄が始まった。

力道山文化村

すでに述べたように、生前の力道山は、至るところに土地を保有していた。
亡くなる半年前には、神泉から大橋までの国道246号線沿い、渋谷区松濤の千百十七坪を津村順天堂（現・株式会社ツムラ）から買い取っている。実はこの土地こそが、莫大な追徴課税の原因だった。
「ここには総合ビルを建てる計画で、一階はスーパーマーケット、二階は病院、三階から五階まではオフィスビルにして貸し出す、それで工事費用を捻出する計画でした。当時、そんなことを考える人はいなかった。でも、今はそういうビルばかり。あの人の先見の明は本当に天才的だったんです」（田中敬子）
さらに、こういった計画もあった。

「リキパレスが出来たときに力道山先生が、ある土地の入札に参加しろと言うんです。それは、いまの東急百貨店本店（※現在は閉店）がある土地。当時は渋谷区立大向井小学校があって、その敷地がそっくり競売にかけられていた。ところが東急が先にツバをつけていたんです。東急と力道山先生の争いになった。（中略）結局、うちは手を引く代わりに東急から少し（金を）いただいたんじゃないかな」（富沢信太郎のコメント／『日本プロレス事件史ｖｏｌ・５』）

このコメントを受けて、聞き手であるフリーライターの安田拡了はこう結んでいる。

《力道山と東急の総帥・五島慶太が真っ向対立したのは間違いなく、現在、渋谷一帯が東急村となっているところから、力道山が渋谷一帯を力道山村にしたかったのではないだろうか》（同）

四億五千万円の相続税を突きつけられた百田敬子は、土地を片っ端から処分するしかなかった。手始めに箱根二千八百坪と油壺二千六百坪を手放した。その他の細々とした土地は二束三文で売り払った。松濤の千百十七坪は、後々のことを考えると少しでも利益を出しておきたかった。

そこで、敬子はこの前年に三菱電機の社長に就任していた大久保謙を訪ねた。窮状を訴えると「奥さんがこんなに苦労しているなんて知らなかった」と同情を寄せてくれた。

大久保は、前年に設立したばかりの子会社である菱電不動産（現・三菱電機ライフサービス）に、この土地を一億五千万円で買い取らせ、間もなく集合住宅を建てた。それ以外にも、大久保の命令で、三菱グループはいくつかの土地を引き受けてくれた。

土地という土地を処分したが、それでも、まだ追いつかなかった。そもそも、西山興業から借りた四千万円がそのまま残っている。

そんなとき、一人の男が現れた。

ピロン

一九三〇年に医学博士の代田稔が、乳酸菌「ラクトバチルス・カゼイ・シロタ株」の培養に成功したことがきっかけで発明され、商品化に成功したのがヤクルトである。

一九五五年に永松昇を初代社長として、株式会社ヤクルトが設立されると、一気に日本中に浸透した。現在の売上高は、連結で四千八百三十億七千百万円、総資産は七千四百九十四億千九百万円、従業員数は二万九千八百八十人（いずれも二〇二三年三月末）。プロ野球・東京ヤクルトスワローズを保有する、国内最大手の乳酸菌飲料メーカーである。

会社を支えてきたのが「ヤクルトレディ」と呼ばれる女性の宅配サービスにあることは、つとに知られているが、そのシステムを構築したのが窪園秀志なる人物だった。

ヤクルト躍進の立役者である窪園秀志だが、社内闘争に敗れて追われるように退社すると、同じく乳酸菌飲料のメーカーを立ち上げた。それが六〇年代初頭に成功を収める「ピロン」である。

《ピロンが、いま爆発的な勢いで伸びている。（中略）同じ乳酸菌飲料であるヤクルトに比較すると、片方が十年の歴史をもつが、ピロンの場合八カ月である。八カ月の間に東京でヤクルトを追い抜いてしまったということである。昭和四十年の四月から本格的な営業が開始されたが、当時、四十カ所に満たない営業所の数であったものが、十一月現在、全国百八十営業所、四倍以上にふえた》（『実業之世界』１９６６年1月号）

「ピロンが他の乳酸菌飲料とちがうのは、今までは乳酸菌を飲みこんで腸の中でビタミン群を生産する。しかし、腸体でいくらビタミンを生産したという正確なデーターはない。ピロンは、ビタミンとローヤルゼリーを直接飲みこんで、乳酸菌で消化吸収をよくするようにする」（窪園秀志のコメント／『実業界』１９６５年11月１日号）

飛ぶ鳥を落とす勢いの経営者である窪園秀志と百田敬子の出会いは、一九六五年の秋頃にさかのぼる。会社経営や融資のことで多くの人に相談するうちに、紹介されたのがきっかけだった。しかし、ここから話は急展開する。「ピロンがリキ・スポーツパレスを買い取る」という計画が浮上するのである。

力道山三回忌法要

「あまり記憶にないけど、最初は『負債の一部を肩代わりしてもらう』って話だったと思います。そしたら『リキパレスを買い取る』という話に進んだ。すぐに合意したわけじゃないですよ。でも、実際に切迫していたし、相続税だって背負ってるわけだから」（田中敬子）

リキパレスの総工費五億円のうち、二億円はまだ残っていたが「それも面倒を見る」と窪園は言ったし「試合会場は残す」とも言った。

窪園が提示した買い取り金額は三億五千万円。「最初に前払いとして一億二千万円を年明けに払い、残りの二億三千万円は春先に払う」という条件も決して悪くはなかった。

考え抜いた末に敬子は合意した。後は社員とレスラーに報告するだけである。

一九六五年十二月十五日、池上本門寺で、力道山の三回忌法要がしめやかに行われた。コミッショナーの川島正次郎、協会会長の児玉誉士夫をはじめ、日本プロレス協会と興行会社の重役が居並ぶこの日こそ、リキ・スポーツパレスの売却を発表するまたとない機会となるはずだった。

この頃には、日本プロレスが青山に別のオフィスを構えていることは敬子も把握していた。日本プロレスの重役と顔を合わせるのは、久しぶりのことである。

「『リキパレスを売却する』って言ったら、あの人たちどんな顔をするかしら」と敬子は思った。反発もあるだろう。しかし、そのときこそ、負債と相続税の問題を話し合ういい機会になるはずだった。「私一人に押し付けていいことですか」と協力を拒み続ける彼らに、改めて問い質そうと考えていたのだ。

しかし、三回忌法要の席に、日本プロレス社長である豊登道春の姿はなかった。

未亡人の百田敬子から、日本プロレス代表取締役の地位と株式を無償で譲り受けた豊登こそ、力道山の後継者であり、この場に最もいなくてはならない存在のはずだった。

「豊登さんは、今日、どうされましたの」と副社長の芳の里に訊くと「どうも、このところ、体調が芳しくないみたいで……」と言いにくそうに言った。

「そうですか、『お大事になさって』ってお伝え下さい」

「ええ、そりゃもちろん」

実はこのとき、豊登は日本プロレス社長の座を追われていたのである。

二千万円を鷲掴み

豊登とジャイアント馬場の二枚看板の人気もあって、安定していると見られていた日本プロレスだったが、実態はまったくそんなことはなかった。経営が乱脈を極めていたのである。負債の返済に追われるリキエンタープライズを尻目に、日本プロレスは興行収益と定期的なテレビの放映料で、力道山時代を上回る利益を稼ぎ出していた。

しかし、新社長の豊登は会社経営にはまったく関心はなく、平日から競馬、競輪、競艇とギャンブルにうつつを抜かし、実際の経営は同じ角界出身の芳の里が行っていた。

その上、会社の金にも平気で手を付けた。芳の里はそのことを知りながら目をつむった。挙句に、豊登は非合法の賭場にまで出入りするようになっていた。「トヨさんは負けが込むたびに、興行権を胴元に差し出してもいた」と生前、筆者に明かしたのは、テレビ朝日スポーツ局次長だった永里高平である。「黒い組織と手を切る」という大義名分で、敬子から社長の椅子を取り上げておきながら、自らが裏社会にどっぷり浸かっていたのだ。

「この件は、絶対に川島先生の耳には入れないように」と芳の里は事務所の人間に厳命した。もし、コミッショナーである川島正次郎の耳に入れば「未亡人を社長に戻そう」と言い出しかねないからだ。

「そんな状態でも、興行が上手くいってたから不問に付されたんです。それがあるとき、豊登が金庫から二千万円を鷲掴みにして、一晩で溶かすという事件が起きた。完全に横領事件ですよ。

さすがに、芳の里も庇い切れなくなり、その二千万円を退職金代わりに追放したんです。この時点で『馬場時代』を迎えていたので、豊登一人いなくなっても会社として痛手ではなかった。そのことは、追放に踏み切った背景として無視出来ないと思います」（プロレス研究家の流智美）

豊登が散財した金額の合計は、一説によると、一億円とも二億円とも伝えられた。

スクープ

「上役におべっかをつかいコネのある人間が昇進してゆく。そういう世の中に矛盾を感じませんか。戦後二十年間同じことをやっている。ここいらで根本から変えなければならないときにきている」（窪園秀志のコメント／『実業界』1965年11月1日号）

乳酸菌飲料メーカー「ピロン」に、リキ・スポーツパレスの売却を決めた百田敬子は、その直後、リキスポーツとリキ観光開発を、親会社のリキエンタープライズに統合させている。経営をスリム化させるためなのは言うまでもない。

その最中の一九六六年二月八日、デイリースポーツが「プロレスの殿堂　リキパレス身売り」と一面に大きくすっぱ抜いてしまう。

《プロレスの殿堂リキ・スポーツ・パレス（中略）が、このほど身売りした。買い手は保健飲料で最近めきめき頭角を現した株式会社ピロン本社（中略）すでに仮契約をすませ、数日中に正式決定する。プロレス興業KKにとっては大きな痛手であり、今後の成り行きが注目される》（1966年2月8日付／デイリースポーツ）

記事では「ピロン・スポーツパレス」に改称することや、手付金がリキエンタープライズに支払われたこと、「少し問題があって難航している」という窪園の秘書のコメントを報じている。

これを受けて、二月十二日に日本プロレスは会見を開き、出席した吉村道明、九州山義雄、ユセフ・トルコ、押山保明の四人の取締役はそれぞれ質問に答えた。

「リキパレスはリキエンタープライズの所有物であり、日本プロレスは賃料を払って使用していること」「この先も、リキパレスが常打ち会場であることに変わりはないこと」「場合によっては、これまで未使用だった後楽園ホールの使用に踏み切る可能性もあること」「この先、リキパレスに代わる、新たな試合会場の建設の計画に着手すること」を明かして会見を終えた。

このように、大きく報じられたピロンへの売却話だが、成就することはなかった。

「ピロンは手付金の一億二千万円は払った。でも、全額用意出来なくて買収を断念したんだ。敬子さんは一億は受け取ったんだけど、焼け石に水でね。問題は相続税だけじゃなくて、会社すべて収益が出なくなったことにあった。敬子さんに経営の才能がなかったのは事実。でも、プロレスの連中は、この期に及んでも知らんぷり。さすがに無責任だと思ったな」（琴音隆裕）

リキ・スポーツパレスの売却話は水泡に帰した。しかし、一連の報道を奇貨として、リキパレスをめぐる、あらゆる動きが顕在化するのである。

大卒レスラー

豊登が退陣してから、日本プロレス興業株式会社は新体制に移行する。専務取締役だった芳の里淳三が代表取締役社長に昇進し、営業部長だった吉原功が取締役に加わることになった。

早大レスリング部出身の吉原は、この時代には珍しい大卒レスラーであり、力道山にアマチュアレスリングの手ほどきをするためにプロレス入りした変わり種である。

中堅レスラーとしてリングに上がりながら、営業部長として日本プロレスの経営を支えてきた吉原は、リキ・スポーツパレスの身売り話を受けて、取締役会議で次のように発言した。

「リキパレスをピロンに売り渡す話がどこまで進んでいるかはわかりませんが、よく知らない会社に持っていかれるくらいなら、日本プロレスが買い取りましょう。そうすれば、この先は使用料だって払う必要はなくなるし、正真正銘、日本プロレスの居城になるわけだから、会社にとって悪い話ではないと思うんです」

ピロンの社長である窪園秀志が百田敬子に、リキパレスを売却する条件として持ちかけた金額が三億五千万円、現在の価値で十四億円ほど。大金であることに変わりはないが、前社長が億単位の金をギャンブルで溶かしても揺るがなかった日本プロレスにとって、払えない額ではなかったはずである。

加えて吉原功は「創業者が遺した負債を、我々が何も責任を取らないのは道義的に問題がある」とも発言した。レスラーの側にも、未亡人一人に負債を押し付けることへの、後ろめたさがあったということだ。程なくして、吉原は早大人脈を駆使して、リキパレスの買い取りに奔走し始める。新社長の芳の里とは無二の親友であり「反対されることはない」と高を括ってもいた。

しかし、これに待ったがかかった。常務取締役の遠藤幸吉の一言がきっかけだった。

「吉原は資金を集めて、会社を乗っ取ろうと企てている」

社内の実力者である遠藤の諫言を芳の里も無視出来ず、リキパレス買収計画は一転して取り止めとなった。濡れ衣を着せられた吉原功は激怒し、辞表を提出。芳の里の慰留を蹴って、日本プロレスを退社してしまう。

その後、吉原功はリキパレス買い取りのために集めた資金と人脈を元手に、新団体設立に動き始めた。一九八一年に解散するまで、豊富な人材と奇抜なアイデアをプロレス界に提供し続けた国際プロレスは、リキ・スポーツパレス売却問題の副産物として誕生したのである。

再婚報道

不調に終わったリキ・スポーツパレスのピロンへの売却計画だが、まさかの醜聞に発展する。『週刊現代』（1966年6月16日号）は「既婚独身男女の気になるその後」という特集記事のトップに「力道山未亡人の再婚の相手」という見出しを打って、ピロン社長の窪園秀志と百田敬子の再婚の噂を伝えている。

《力道山の急死後、リキ・パレス、リキ観光、プロレス興業等、一挙に数社の社長を兼務、東奔西走した敬子未亡人の苦労は、うら若い女性にとって、あまりにも大きいものであった。（中略）ところへ降ってわいたように窪園氏は当初、リキ・パレスをめぐる単なる取引相手だったのであるが、いつのまにか二人の間は、そこまで進行していったのだろうか》（同）

記事を追うと、リキパレスの筆頭債権者である西山正行の一言が、噂のきっかけとある。

西山が「この人（敬子）と結婚して救ってあげたらどうですか」と窪園に迫ると「西山氏がどんなつもりで、そんなことを言ったのかわからない」と前置きしながら、こう答えている。

「社長とはいえ、なにしろ平凡なお嬢さんが奥さんになったばかりで、夫が急逝した結果、突然、仕事の中に引っぱり込まれたんだから気の毒な話ですよ。（中略）敬子社長と私が怪しい間柄だからといって私の家へ電話をかけてきたり、女房に〝気をつけろ〟などと中傷してくるのは、明らかに競争会社『Y』のアクドいデマですよ」（同）

また、こういう証言もある。

「一時は馬場と結婚させてプロレスを守ろう、という政略結婚説を流した向きもあったが、これは敬子さんが問題にしなかったらしい。相当シンコクだったのは、事業縮小で世話になったP氏じゃないかな。乳酸菌飲料をつくっている会社の社長でね、デートのうわさもあったが、敬子さんの実家のほうに反対がつよくてこわれたといいますよ」（スポーツ紙記者D氏のコメント／『週刊ポスト』1970年8月14日号）

この件について、田中敬子は「そんな話ないない」と一笑に付しながら、こう捲し立てた。

「こんなのでたらめ、嘘ばっか。全然そんな話なかったです。この頃は仕事と子育てに追われて、再婚どころじゃなかったもの。この人とプライベートで会ったこともない。西山社長が債権者会議で冗談を言っただけのことで、週刊誌って本当にいい加減ですよ」

その後、窪園秀志の経営するピロンは倒産、その後「パルン」「ノーベル」と似たような名称の乳酸菌飲料メーカーを起業するも、いずれも成功しなかった。

余談になるが、妻と離婚した窪園はこの三年後、二十四歳下の女性と再婚する。彼女こそ、その後、いくつかの成人映画に出演し「潮吹き女優」として世間を騒がせた窪園千枝子である。

リキパレスの一番長い日

ピロンへの売却がなくなり、日本プロレスによる買い取り計画も頓挫したことで、リキ・スポーツパレスの閉鎖は時間の問題となった。

繰り返すように、リキエンタープライズに四千万円を融資した西山興業は、代物弁済の条件を定めていた。期日までに四千万円及び金利を収めないと、抵当に入ったリキパレスは、西山興業の管理下に置かれることになる。リキパレスがなくなれば、試合会場がなくなるだけではない。プロレスとボクシングが併用していた地下の練習場も、ボウリング場も、レストランも、サウナも、病院も、オフィスも、すべて失ってしまう。大損失である。

にもかかわらず、この問題を未亡人一人に押し付けて、社員もレスラーも、誰一人として真剣に向き合おうとしてこなかった。閉鎖必至と知って、ようやく、事の重大性に気付いたのである。

「私一人ではこれ以上打つ手がなくて、このときは、琴音さんが先頭に立って、資金集めに奔走してくれたんです。琴音さんは西山社長と親しかったしね。それで『まず元金だけでも返して、金利は待ってもらおう』って計画だったと記憶しています」(田中敬子)

一方、リキ観光開発の社員だった岩澤敏雄は、生前、次のように述べている。

「返済期日の日にリキ・ボクシングジムの琴音竜、植田正吉とレスラーの星野たちが借金返済の金を集めて西山興業に行ったんだ。しかし、西山興業の社長は会ってくれなかった」(『日本プロレス事件史vol・3』)

当の琴音隆裕は、岩澤の証言を否定する。

「それは嘘、西山は会ってくれた。四千万円は俺の従兄が立て替えたから、リキパレスが抵当流れになった事実はないの。じゃあ、何で転売したかと言うと、負債と相続税がにっちもさっちもいかなくなっていて、それで、俺が話をまとめて『キャバレーミカド』の小浪義明に売ったんだ。結構大金だったよ。ピロンが買おうとしていた額より少し高いくらいだったから」

琴音の証言が正しいとすれば、寸前のところで抵当流れを免れたリキパレスだったが、結局は売却される運命だったことになる。それくらい、背に腹は代えられなかったということだ。

一九六六年十一月十八日、日本プロレス「ウィンターシリーズ」開幕戦が行われた。この日の興行を最後に、リキ・スポーツパレスは五年間の短い生涯に幕を閉じた。

「どうしても手放さなければならなくなりました。この思い出多い場所を離れることは非常に残念なのですが、仕方ありません。日本プロレスの発展を祈っている次第です」(百田敬子のコメント/1966年11月19日付/デイリースポーツ)

リキ・スポーツパレスを買い取った小浪義明は「キャバレー・エムパイア」をオープンさせた。力道山が築き上げた〝日本プロレスの居城〟は一転してキャバレーホールとなったのだ。

とにもかくにも、敬子はリキアパート以外の資産を、すべて失ったのである。

元プロボクシング東日本新人王の「琴音竜」こと琴音隆裕（右）とアントニオ猪木

12
章
「破門状」

日本プロレスと全日本プロレスの合併が決まって。
左から大木金太郎、百田敬子、ジャイアント馬場、楢橋渡

百田敬子は三十歳になった。五年の間に、敬子の周辺は大きく様変わりした。

四つあった会社は、リキエンタープライズとリキボクシングクラブを残して、すべて畳んだ。会社のあったリキ・スポーツパレスは「キャバレー・エムパイア」となって久しく、地下練習場はキャバレーがオーナーである「ミカドボクシングジム」が入居した。日本プロレスは、社長の芳の里淳三が同名の別会社を登記して、今は代官山にオフィスを構えている。

敬子がリキエンタープライズを残したのは、赤坂のリキアパートがまだ機能していたからだ。アパートの建物はそのままだが、自宅のあった八階の二百七十平米は、改装して五つの部屋を作った。千恵子も義浩も光雄も独立して、浩美との二人暮らしには広すぎるのと、部屋を作って少しでも家賃収入を増やすためだ。母子は玄関口に近い二階の一室に移り住んだ。

赤ん坊だった浩美も小学校二年生になり、今では一人で東横線に乗って、横浜のミッションスクールに通学している。三人いた家政婦は二十代の一人だけ残して、今は母と娘の慎ましい生活があるだけだ。

八階の広い角部屋には、所帯を構えたのを機に、七階からジャイアント馬場が越してきた。相手は河合元子という背のスラッと高い美人で、何でも明石の令嬢らしい。夏になると、浩美をアパートのプールで遊ばせてくれる。

「馬場さん、いつの間にこんな美人を捕まえたのかしら」と、おかしくもあるが、とりあえず、これがプロレスとの唯一の接点である。

縁遠くなったのはプロレスに限った話ではない。リキボクシングクラブの藤猛は期待通り世界王者に輝いた。そのタイミングで、敬子はオーナーの椅子を長男の義浩に譲った。「経営者として早くに独立してほしい」という親心で、クラブ初の世界王者誕生は好機となるはずだった。

しかし、金銭トラブルが発生し、藤猛は「日本にはいたくない」と時々ハワイに帰るようになった。会長の吉村義雄が宥めすかして、初防衛にも成功させるなどしばらく試合をこなしたが、王座陥落後の一九七〇年六月、元世界王者・エディ・パーキンス（アメリカ）とのノンタイトル戦を無断でボイコット。事態を重く見たＪＢＣ（日本ボクシングコミッション）は無期限試合出場停止を言い渡し、彼はそのままグローブを置いた。

藤猛の現役引退から程なく、リキボクシングクラブも閉鎖することになった。社員の中で力道山時代を知る最後の一人となっていた吉村義雄も、これを機にすべての役職から退いた。

家賃収入で生計を立てる百田敬子を揶揄する声がなかったわけでもない。家賃平均五万円として八十一世帯もあるのだ。

しかし、実態は裕福とは程遠かった。一億円の相続税がそのまま残っていたのである。

返済は遅々として進まず、支払い期日に遅れると、一日四千五百円の延滞税が容赦なく加算された。港区税務署に足を運んだが、門前払いを喰うと、敬子は嘆願書を握り締めて、霞が関の国税庁に足を運んだ。

「我々が奥さんを貧乏にしたわけじゃないんです」と最初は皮肉を言われることもあったが、そのうち「今日のところは結構です」と返済を待ってくれるようにもなった。
家賃収入だけでは追いつかず、損害保険の代理店を立ち上げたかと思えば、化粧品のセールスまで始めた。当時のコメントがある。
「でも、いくらにもなりませんね。それに、社長はひっこんでいてくれといわれても、こうなればそうはいきません。家庭の小さなやりくりと、会社の大きなやりくりとで、もう矛盾だらけ。焦燥と混乱の毎日です。（中略）ときどき何もかも投出してしまいたいという気持ちにもなりますよ。身ひとつで、もとのスチュワーデスにでも戻ったほうがどれだけ楽だかしれないわ」（『週刊明星』１９７１年11月７日号）
そんな頃、ある男が久しぶりに自宅を訪ねて来た。アントニオ猪木である。

主人はあなたの味方

「お久しぶり、どうなさったんですか。狭いですけど、どうぞお入り下さい」

そう言って敬子がスリッパを並べると「いえ、今日はここで」と固辞しながら、猪木は幾分、強張った表情で言った。

「このたび、日本プロレスを辞めることになりました。その、ご報告です」

初めて聞いたような素振りを見せながら、敬子も一応は知っていた。森村学園高等部を卒業後、日本プロレスに入門していた次男の光雄から、一通りの話は聞いていたからだ。

亡夫が弟子の中で最も寵愛したアントニオ猪木は、海外遠征を機に将来を嘱望される存在に成長していた。しかし、その期待が周囲に何かと利用されるようにもなっていた。

放漫経営の限りを尽くして、日本プロレスを追放された豊登は、若手の有望株だった猪木を誘って新団体「東京プロレス」を立ち上げた。しかし、その東京プロレスも、豊登の放蕩三昧の末に倒産。告訴合戦の泥仕合を経て、猪木は日本プロレスに復帰する。

復帰後は、ジャイアント馬場とのタッグチーム「BI砲」が大人気を博し、力道山時代を超える莫大な利益を日本プロレスにもたらした。その猪木が社長の芳の里以下、日本プロレス経営陣の不正を疑うようになったのは、一九七一年の夏のことである。

当初は、馬場も味方に引き入れ、成功するかに見えた幹部追放計画だったが、情報が漏れ、馬場は手を引き、「会社乗っ取り」の汚名を着せられた猪木一人が日本プロレスを除名された。リキアパートを訪ねたのはその矢先のことだった。

玄関で五分ほど立ち話をして、辞去しようとする猪木に、敬子はこう告げた。

「多分、主人はあなたの味方をすると思いますから、安心しておやりになって下さい」

そう言うと、猪木はニヤッと笑って出て行った。さしたる根拠はなかったが、そんな気がしたのだ。

程なくして、アントニオ猪木は新日本プロレスを立ち上げた。テレビ中継も付かず、旗揚げ当初から苦戦していたこの団体に、かつて、告訴合戦を演じた豊登が参戦していた。

一方の日本プロレスは、ジャイアント馬場と坂口征二の「東京タワーズ」が安定した人気を誇っていたが「馬場も独立するらしい」という噂を敬子は小耳に挟んだ。「あの人が独立なんて大それたことするかしら」とにわかに信じられなかった。アパートのオーナーと住人の関係ではあるが、その手の情報を共有する間柄とは程遠かったのだ。

その矢先のことである。自宅のチャイムが鳴った。敬子がドアを開けると、ジャイアント馬場の姿があった。

所縁のベルト

リキアパートの住人であるジャイアント馬場が、八階の自宅から二階まで下りて来るのは珍しい。八階は一階まで直通のエレベーターで乗降出来るからだ。

その上、懐かしい人物まで帯同している。

「敬子さん、お久しぶり」

日本テレビ運動部の原章は同じ横浜市根岸の出身で、年齢こそ違うが、敬子が中学生の頃から顔見知りだった。『日本プロレス中継』のディレクターを経てプロデューサーに昇格していたが、この年の春に、日本テレビがプロレス中継から手を引いたことで、お役御免となっていた。

この二人が、揃って何の用だろう。

馬場はソファーに窮屈そうに腰を沈めながら、ぽつりと口を開いた。

「いや、あの、チャンピオンベルト、お宅にあるのかなと思って」

「チャンピオンベルト？」

「そう、先生が巻いてた所縁のベルト」

敬子は馬場が何を言いたいのか、すぐに理解出来なかった。

この時期に起きた出来事を追えば、馬場が何を欲していたのか詳らかとなる。

一九七二年七月二十九日、赤坂プリンスホテルで記者会見を開いたジャイアント馬場は、出場中の「ビッグ・サマーシリーズ」の最終戦（八月十八日・石巻市中央広場）を最後に、日本プロレスからの独立を発表する。実は日本テレビの要請を受けて、馬場は新団体を旗揚げすることになったのだ。

プロレスの新団体を立ち上げるにあたって必要なものの一つに、エースの腰に巻かれるチャンピオンベルトがある。防衛戦は興行の目玉となり、大きな収益を生む。このとき、ジャイアント馬場はインターナショナルヘビー級王座とインタータッグ王座の二つのベルトを保持していた。

その件について、馬場は会見で次のように述べている。

「わたしの保持しているベルトですから、もちろんわたしがチャンピオンだと思っている。この問題については、これから日プロ側と話し合うし、円滑に進むと思う」（１９７２年7月31日付／東京スポーツ）

その二日後には、こうも言っている。

「インタナショナルチャンピオンベルト、タッグのチャンピオンベルトも取り上げられる理由はない。わたしはタイトル戦で剝奪されるような不義理もしていないし、負けたわけではないんだから」（１９７２年8月2日付／同）

日本テレビ運動部の原章は、後年、次のように回想している。

「インターのベルトというのは、日本プロレスの宝ですよね。そして、馬場にとってはずっと自分が締めていた愛着のあるベルトですよ。だから、あの時はインターのベルトを持って独立しようとしたんです」（『G—SPIRITS62号』）

これに、待ったをかけたのが日本プロレスだった。社長の芳の里は馬場に釘を刺した。

「われわれはNWAが認定したインタナショナルタイトルをわが陣営にとどめておきたい。それは日本プロレスの財産でもあるからだ。財産を守るために大木（金太郎）を挑戦させることになった。馬場は偉大なチャンピオンなのだから、インタナショナルタイトルを堂々と防衛して出て行くべきだと思う」（1972年8月27日付／東京スポーツ）

当時、水戸市在住の中学三年生だったプロレス研究家の流智美は、一連の展開に言葉を失った。

「これは、完全にプロレスの文脈を逸脱したものでした。大木金太郎との防衛戦は、おそらく、プロレスの枠を超えたものとなったはずです。大木金太郎はリアルファイトの強者ですから、さすがに、馬場さんも新団体を立ち上げる前に敗北を喫するわけにいかない」

「そこで、馬場さんは、九月二日に日本プロレスの事務所を訪ねて、渋々、ベルトを返上するんですよ。よって、この時期はベルトを探していた。中継する日本テレビにとっても死活問題で、その頃に敬子未亡人を訪ねた。日テレの原章さんが『敬子さんが力道山所縁のベルトを持ってる』って馬場さんに教えたからです」

田中敬子の回想はこうだ。

「はっきり記憶していないけど、二人揃って自宅に来たと思います。ベルトは金庫に保管していたので、別の日に見せたんじゃなかったかな。『譲ってほしい』という話になりましたので『条件は何でしょう』って訊き返したんです」

するると、馬場はこう答えたという。

「奥さんに、全日本プロレスの役員になってほしいんです」

力道山後継者

「このとき、馬場さんは『奥さんはウチの役員になってほしい。義浩君は取締役として迎えるし、光雄君にはレスラーとして来てもらいたい』と言ったんです。『百田の名前がほしいんだな』ってピンときました。でも、悪い話じゃないと思ったから、ベルトを渡す代わりに、お引き受けしたんです」（田中敬子）

力道山の長男である百田義浩については、9章で触れたように、敬子が日本プロレスの社長の椅子を豊登に譲渡する条件として「長男の義浩が大学を卒業したら、日本プロレスの社長を譲り渡すこと」という約束を交わしていた。しかし、豊登の次に社長になった芳の里は、「俺はそんな約束を知らない」と言って反古にしていた。

つまり、馬場はこう言いたかったのだ。

「私は芳の里と違って、亡き恩師の遺族を手厚くもてなします。その代わり、私に正統な力道山後継者のお墨付きをもらいたい」

一九七二年十月十六日、ヒルトンホテルで、百田家と全日本プロレスの合同記者会見が開かれた。出席者は百田敬子、義浩、光雄、ジャイアント馬場。表舞台から姿を消していた力道山未亡人が五年ぶりに公の場に姿を現すとあって、無数のフラッシュが焚かれた。

「亡き主人力道山の遺志をついでジャイアント馬場選手が理想のプロレスを作るために独立されましたので、私ども百田家は、今後手を取り合ってやっていくことになりました」（百田敬子のコメント／１９７３年10月18日付／東京スポーツ）

敬子が譲渡したチャンピオンベルトは「世界ヘビー級王座」として、八選手で争奪勝ち抜き戦が行われ、八勝二引き分けの好成績を収めた馬場がベルトを腰に巻いた。この王座こそ全日本プロレスの看板タイトルとして、長年にわたって多くの防衛戦を繰り広げることになるＰＷＦヘビー級王座である（※その後、ベルト自体は別のものを製造）。

「皮肉な話だなあ」と敬子は思った。夫の死後、五つの会社の社長に就任し、負債まで相続しながらあっさり梯子を外され、未だに返済に追われているというのに「力道山後継者」という肩書が必要となれば、どこからともなく、支援の手が差し伸べられるのだ。

一九七二年十月二十一日、町田市立体育館で旗揚げした全日本プロレスは「力道山後継者の称号」「豪華外国人選手の招聘ルート」「日本テレビ土曜夜八時の生中継」という、これ以上ない好条件を獲得して船出した。

アントニオ猪木とジャイアント馬場に立て続けに去られた日本プロレスは、一気に経営が傾き、新エースの坂口征二までが新日本プロレスに合流すると、テレビ中継も打ち切られ、呆気なく、崩壊するのである。

二つの日本プロレス

倒産した日本プロレス社長である芳の里淳三にとって、頼るべきはもはや、力道山未亡人である百田敬子以外いなかった。

敬子にとって芳の里は、小娘を騙すように日本プロレスの経営権を取り上げ、相模湖畔のゴルフ場開発に何の協力もせず、負債の返済に一切の責任も負わず、リキ・スポーツパレスの買い取りすら拒み、「長男の義浩に社長を譲る」という約束さえも反古にした、亡夫の遺志を踏みにじる、許し難い存在に映った。手を差し伸べるつもりなど毛頭なかった。

それでも、楢橋渡や大久保謙といった旧知の関係者に「残された選手たちを路頭に迷わせてはいけない。それが出来るのは敬子さんしかいない」と説得されたことで、考え直した。

一九七三年四月十四日、池上本門寺で百田敬子と日本プロレスの合同記者会見が開かれ、大木金太郎以下九選手の身柄を「百田家預かり」とすることを発表した。すなわち「百田敬子名義の日本プロレス」に復帰させるということだ。

「この会見の何に驚いたかというと『日本プロレスという会社が二つ存在した』という事実が明らかになったことです。敬子未亡人が豊登に社長を譲ったあと『日本プロレス』という別会社が登記された。でも、その後も、敬子未亡人はもとの日本プロレス興業を休眠状態にして持ち続けていたんです」（流智美）

「百田家預かり」という形を採ったことで、九選手の身柄は、敬子の胸三寸となった。

「日本テレビと相談して決めましたが、最初から『馬場さんに引き取ってもらおう』と思っていました。『力道山の遺志を継ぐ』って馬場さんは言ったわけですから。最初は渋っていたけど、最後は了承してくれました」（田中敬子）

猪木と馬場

日本プロレス崩壊後、ジャイアント馬場率いる全日本プロレスと、アントニオ猪木率いる新日本プロレスの二団体による、熾烈な企業戦争が始まった。全日本プロレスに役員として名を列ねた百田敬子も、この争いに否応なく巻き込まれることになる。

当初は全日本プロレスが優位に立っていたが、国際プロレスから引き抜いたストロング小林や、待遇に不満を抱いて、全日本プロレスを飛び出した大木金太郎との一騎打ちを制したアントニオ猪木の才能が開花し、人気が爆発、新日本プロレスが形勢を逆転する。

さらに、猪木は馬場に直接対決を申し込む。ファンは猪木を支持し「馬場対猪木」の機運はこの上なく高まった。

しかし、馬場は猪木の呼びかけを無視した。「大人の対応」と言えばそれまでだが、イメージビジネスであるプロレスにとって良策とは言えない。それでも、馬場が沈黙を守ったのは、双方ともテレビ局の契約に縛られている以上、対戦出来ないのは自明のことだからだ。つまり、猪木自身も「実現不可能」と理解しながら、対戦を迫っていたことになる。

「自分は、後から全日本プロレスに合流した外様ではあったけど、歯痒かったですよ。猪木さんに言われっ放しなんだもの。何らかのアクションは起こすべきだと思っていたし、実際に進言もしました」(グレート小鹿)

その馬場が、反撃の狼煙をあげた。

一九七五年九月二十九日、銀座東急ホテルで会見を開き、十二月六日から二週間「オープン選手権大会」の開催を発表する。馬場はここで「世界の超一流選手を招聘するし、新日本プロレスや国際プロレスの選手の参加も募る」と発言した。

これこそが「テレビ、興行権、日時、場所、すべて任せる」と挑戦を迫ってきた猪木に対する、馬場自身の回答であり「本気で戦う気があるなら、お前こそこの大会に出場しろ」と言いたかったのだ。これには、猪木も「十二月はスケジュールが埋まっている」と苦しい弁明を繰り返すほかなかった。

馬場は猪木に一矢報いたのである。

力道山十三回忌追善大試合

かつて、リキスポーツパレスの二階に「リキトルコ」というサウナがあった。その支配人だったのが山本正男なる人物である。

一九二七年生まれ。若い頃より力道山と知己の間柄だったが、リキグループに入社したのは、力道山の死後二年経った一九六五年と遅く、山本が三十八歳のときだった。

日本プロレス協会の事務局長だった門茂男は、著書の中で「山本正男は二所ノ関部屋の元力士」と書くが、田中敬子は否定する。

「山本さんは主人の個人的な知り合いで『社員の不満や陰口を聞き出して教えてくれ』っていう主人の要請で、会社に出入りするようになった人です。言ってみればスパイみたいなもんで、最初は豊登さんの運転手をやっていました」

リキグループ退職後は「松竹（映画会社）の関連企業」という真偽定かならぬ触れ込みで、当時としては珍しかったレンタカーの会社を起業し、相続税の支払いに追われる百田敬子の相談相手として「百田家後見人」の肩書とともに、スポークスマンのような立場を得た。

一九七五年師走、日本のプロレス界を大きく揺るがす「力道山十三回忌追善特別大試合」は、彼の思いつきから始まったものだ。

興行のプロとは言い難い山本正男が、百田家と関係の深い全日本プロレスにこのプランを持っていったのは、自然な流れだった。一九七五年十月二十一日、ヒルトンホテルで会見を開いた百田敬子は追善興行の開催を発表、各団体の参加を呼びかけた。その八日後、同じくヒルトンホテルで、全日本プロレス社長のジャイアント馬場、国際プロレス社長の吉原功も出席して合同会見が開かれ、全日本プロレスと国際プロレスの出場を正式に発表したのである。

まず、百田敬子がマイクを握った。

「全日本プロレスと国際プロレスの皆様が、力道山十三回忌追善試合の趣旨を理解されて出場してくださることに決まりました。これに私共の日本プロレスが加わり、三団体で盛大に催すことが出来ます。十二月十一日の日本武道館での特別試合を立派に行うことは、亡き主人力道山の供養になるだけでなく、これからの日本プロレス界をより発展させる役にもたつかと存じます」（1975年10月31日付／東京スポーツ）

記者の関心は、新日本プロレスの去就に集中した。それに対し、敬子はこう答えた。

「二十五日か六日までに回答してくれることになっていたのですが、きょうのきょうまで待っても正式な返答がありませんので、参加しないものと考えて話をすすめていくしかありません。七月半ばに猪木さんと話し合い、ぜひ出させてほしい。たとえその日、試合が組まれていてもスケジュールを流しても参加するとおっしゃっていたのに……」（同）

山本正男のコメントもある。

「猪木君からは十月九日、蔵前国技館で参加の意思がないと聞かされた。なんとか翻意してもらおうと、人を介して話し合ったが、快諾を得ないままに終わった。力道山家の統一見解として、今後猪木君が出たいといってきても、きょうをもって出てもらわなくて結構だ。恩師に対する恩を知らない男だよ」（同）

これまで「ジャイアント馬場対アントニオ猪木」だった企業戦争が「百田敬子対アントニオ猪木」に変質したのである。

十二月十一日の怪

アントニオ猪木も黙っていなかった。

そもそも、猪木が「力道山十三回忌追善特別大試合」の出場を見送ったのは、同じ十二月十一日に蔵前国技館で〝人間風車〟の異名を取る実力派外国人レスラー、ビル・ロビンソンとのNWF世界ヘビー級タイトルマッチを発表していたからだ。猪木自身はこう答えている。

「正式に十二月十一日にやるという話が持ち込まれたのは十月九日、蔵前でわたしがルー・テーズとやった時ですよ。控室に山本氏が訪ねてきて、十二月十一日に決めたからでてくれというわけです。（中略）しかし、その時はわたしの方は十二月十一日、蔵前でロビンソン戦という試合を決めて、ロビンソンと契約してしまっているんです。（中略）百田家に対しても十一日以外、つまり十二日以降だったら喜んで出るといったんですが、あちらさんも十一日は動かせないとおっしゃる」（1975年11月5日付／東京スポーツ）

敬子の発言にも反論した。

「奥さんが何か勘違いをなさってるんじゃないですかね。わたしは七月に奥さんとお会いしたこともないし、その後も会ってない。この件に関して奥さんと話し合ったことは一度もないですよ。（中略）記者会見の席上で、山本さんという人がわたしのことを〝恩知らず〟といったそうです。これは新聞にものっていたんだから、本当にいったんでしょう。その事にはものすごくハラが立っているんです」（同）

感情に逸るきらいはあるが、右の発言から思うのは、力道山の命日である十二月十五日に追善興行を開催すれば、何の問題も起きなかったということだ。

事実、新日本プロレスの十二月十五日のスケジュールはオフとなっている。一方の全日本プロレスはこの日、宮城県スポーツセンターで興行が決まっていた。全日本プロレスが宮城大会を延期か中止にすればいいようにも思うが、実際はそんな単純な話ではない。

そもそも「十二月十一日」という日程は、どこから出てきたのだろう。

新日本プロレスが十二月十一日にビッグマッチを開催する経緯について、プロレス研究家の流智美はこう解説する。

「当時の新日本プロレスは、金曜日の『ワールドプロレスリング』でいち早く放映するために、木曜日にビッグマッチを行う傾向にあったんです。生放送は臨場感があっていいけど、試合の途中で番組が終わることもあったでしょう。試合が全部収まらないのは避けたい。『猪木対ロビンソン』という超目玉カードを、十一日木曜日に持ってきたのもそのためでしょう」

「国技館が年間でスケジュールを組むのは割と有名な話なので、早い段階で日程を決めていたはずです。そうでなくても『木曜ビッグマッチ開催』のルーティンがあるわけだから。猪木さんからすると、命日でも何でもない十二月十一日に力道山の追善興行をやるなんて、夢にも思わなかったでしょうね」

破門状

百田敬子、アントニオ猪木、双方の言い分が喰い違う中、六日後の東京スポーツ（１９７５年11月11日付）の一面に、プロレス史に残る衝撃的な声明文が掲載された。

書いたのは「百田敬子」となっている。長くなるが全文引用する。

主人力道山が亡くなってから十三年——関係者の温かいご配慮により、来る十二月十一日、日本武道館において「力道山十三回忌追善特別大試合」を開催することになりました。これもひとえに皆々様方のおかげと感謝致しております。

　主人力道山亡き後、日本のプロレス界は幾つかの団体に別《ママ》れてしまいましたが、元は一つの団体であり、主人が苦労して作りあげたものでした。それだけに今回の十三回忌大会には、主人の元で育った全ての選手、プロレス関係者、また、ファンの方々に集っていただき、主人の供養のために盛大なものにしたいというのが、私共百田家の考えであり、それがひいては日本プロレス界の発展にもつながるのではないかと思います。

　そのため、開催するに当り、さる七月以降、百田家後見人の山本を通じて各団体に相談、会場の日本武道館も予約するなど、万全の手はずを整えてまいりました。この間、テレビ会社から援助の話等もありましたが、各団体の立場も考えてお断わりし、あくまでも百田家独自のものとしてやるようにつとめてまいりました。

　幸い、新日本プロレスのアントニオ・猪木代表、全日本プロレスのジャイアント・馬場代表、国際プロレス吉原功代表、日本プロレス長谷川代表が、それぞれこの催しに賛同され、順調にはこびました。

　ところが、どういう訳か、猪木選手が最後になって出場を取りやめるという事態が起りました。私共がまず話をもちかけたのは猪木選手であり、そのときは「何をさておいてもこの日だけは真っ先に出場させていただきます。たとえ他団体が出なくても私のところでやります」といってくださった猪木選手だけに、この変わりようは、私共としては、ただ驚くばかりです。

猪木選手は一部新聞紙上において、種々弁明されていますが、私共と話し合った事とあまりにもくい違いがあるのに唖然としてしまいました。しかし、事ここに至ればくどくど申し上げても水掛論となり、世間を騒がせるばかりです。今更、主人の名を恥ずかしめたり、日本のプロレス界を泥仕合にひきずりこむようなことはしたくありません。

ただ、私共百田家関係者としては、今回猪木選手のとった行為を許すことが出来ません。本当に主人を師とあおぐ気持ちがあるならば、何をさておいても出場して下さるべきであったと考えます。追善試合に参加せず、あまつさえ同じ日に東京で自分の興行をなさるに及んでは、何をかいわんや、ということになります。

猪木選手は、ご自分で独自に亡き主人の供養をするなどといっておられるようですが、そのような方の供養は主人も喜ばないと思います。今後は、力道山門下生というようなことは一切名乗ってほしくありません。自らの取られた行動をふりかえれば、そうすべきではないことがよくおわかりでしょう。

以上百田家関係者の総意として声明いたします。

昭和五十年十一月八日

百田敬子

（原文ママ）

紛うことなき、破門状である。

騒動から半世紀近く経った今、田中敬子にこの件について訊いてみた。

東スポの人じゃないですか

——一九七五年の師走にプロレス界を騒がせた「力道山十三回忌追善特別大試合」について教えて下さい。そもそも、このイベントを企画したのは敬子さんですか。

「いいえ、違います」

——では、誰でしょう。

「何人かいたとは思うけど、中心になって決めたのは山本正男さんです。私は『こういうことをやろうと思うから、奥さんも協力して下さい』って言われたんです」

——「主催・百田家」となっていますが。

「形の上ではそうだけど、私が言い出したものではないです。山本さんが馬場さんに相談して、正式にやることが決まったんです」

——では、日程とかも？

「それも、全部です」

——十二月十五日が力道山の命日です。なぜ、その日に十三回忌の記念の大会をやらないのか、疑問ではなかったですか。

「いや、うーん……。そんな風にも思いませんでしたね。『この日になりました』って言われて、『ああ、そうなんだ』って思っただけで」

——その報告も山本さんからですか。

「そうです。私は馬場さんともそんなに話してないので、細かい報告は山本さんです」

——では、この企画が動き始めたのはいつからでしょう。

「いつだったかしら……。そんなに前ではなかったです。夏頃かな」

——前年ではなく？　武道館を借りたと聞いたのも？

「夏頃だったと思います。山本さんがいつ武道館を押さえたかはわかりません。でも、前の年に、そんな話は一切なかったので」

——ところで、このイベントに、猪木さんは参加しませんでした。どう思いましたか。

「驚きました。『出る』って聞いてたのに『出なくなった』って聞かされたものだから」

——腹立たしく思った？

「というか、残念でした。だって『出る』って聞いてたんだもの」

——記者会見で、敬子さんは「七月半ばに猪木さんと会った」と発言していますが、そのときに「出る」と聞いたんですか。

「いえ、私は猪木さんとは、この件では会っていません」

——そうなんですね。実は猪木さんも記者会見で「奥さんは勘違いをなさってるのでは」と言っています。では「七月に猪木さんと会った」というのは何を指してるんでしょう。

「山本さんが会ったのかな……。あまり、記憶にないんだけど、とにかく、七月頃に私は聞いただけです」

――伝聞なんですね。でも、猪木さんは「十二月十一日は無理です」と返答しています。

「それは、私はちょっとわからない」

――猪木さんが参加出来なくなった時点で、日程の変更を考えなかったですか。

「考えなかったです。だって、武道館だって押さえちゃってるし」

――ここから揉めに揉めて、敬子さんは「猪木さんに門下生を名乗ってほしくない」という声明文を書いていますね。

「いえ、私はこれを書いた憶えがありません」

――え？

「書いた憶えがないです」

――敬子さんが書いたんじゃないんですか。

「書いてませんね」

――じゃあ、誰が書いたんですか。

「わかりません。こんなの、東スポに載ってたのね」

――これは、日本のプロレス史に残る声明文と言っていいと思います。敬子さんが書いてないのなら、歴史が変わりますよ。

「でも、本当に私は書いてないから」

――では、誰が書いたと思いますか。

「……誰かしら、東スポの人じゃないですか。ただ、私の知らないところで、いろんなことが動いていたから、何の驚きもないです」

――驚かないんですか。

「だって、このイベント自体、私が企画したわけじゃないのに、私の名前が最初に出るでしょう。私の名前で告知だって送るし、案内状だって何だってそうです。だから、こういうことは、別に珍しくなかったから」

――自分の知らないところで、自分の名前が使われることが常態化していたんですね。

「そうです。それでも、猪木さんが『出ない』って言ったときは驚きました。あれは意外でしたから、はっきり憶えています」

――その感情は鮮明に記憶しているんですね。

「だって、主人が一番可愛がった弟子だもの。その人が出ないなんて不自然でしょう。私が憶えているのは、それくらいなものです」

主催と後援

泥仕合は永遠に続くかに思われたが、大会二日前の一九七五年十二月九日、帝国ホテル・千草の間で、百田敬子とアントニオ猪木の〝和解式〟が行われた。セッティングしたのは東京スポーツ新聞社社長の井上博である。

猪木が敬子に頭を下げている写真が『東京スポーツ』（１９７５年12月13日付）六面の右上半分に載り「『連絡不十分で参加できず申訳ありません』猪木はわだかまりなく敬子未亡人に頭を下げた」（同）というキャプションが添えられた。猪木のコメントもある。

「この上は、武道館の追善試合が大成功になることを祈っています。わたくしの方もガンバります。同じ東京で二つの代表的な会場が超満員になれば、プロレス界興隆のためになると思います。力道山先生もきっと喜んで下さると確信します」（同）

「あなたもがんばって下さい」（同）と応じた百田敬子は、井上社長を間に挟んで笑顔で写真に収まってもいる。

この時期、東京スポーツ運動部長だった櫻井康雄（のち編集局長）は、和解の背景について、生前、次のように回想している。

「頭を下げろと夜中に説得したのは、僕と当時の東スポの井上社長なんです。『面倒くさいから、頭を下げてしまえ』って。途中から別の組織も乗り出してきてね。そこの人が猪木に実力行使するという話になったんだけど、『猪木に頭を下げてもらえれば、こっちもそれ以上のことはしない』と言うことで、東スポが帝国ホテルにセッティングして猪木を呼んだんです。猪木は『俺は行かねえ』ってゴネてたんだけど、前の晩の1時頃かな、猪木に最後の電話をして『どうしても来い』と言ったら、『じゃあ、明日行きますよ。顔を立てますよ』と言ってくれてね。それで収まったんですよ」（『Ｇ—ＳＰＩＲＩＴＳタツミムックｖｏｌ・１　アントニオ猪木』）

筆者が引っかかるのは、前代未聞の興行戦争において、東京スポーツ新聞社は両方の興行に関わっていることである。「猪木対ロビンソン」は主催、「力道山追善大試合」は後援である。

一見、同じように映る主催と後援だが、その役割には明らかな差異がある。主催は文字通りイベントの発起、中心を指し、後援は支援、応援を指す。興行に携わる責務の大きさは前者の方が大きいと見てよく、立ち位置も当然異なる。

なぜ、東京スポーツは「猪木対ロビンソン」は主催で、「力道山追善大試合」は後援なのか。

その理由を詳らかにすることが、十二月十一日という日付の解明につながる。

社主・児玉誉士夫

一九七五年十二月十一日の興行戦争は、これまで、プロレスを題材とした多くの作品に採り上げられてきた。馬場と猪木が並び立った昭和のプロレスを語る上で、こうまで印象的な対立の構図は、後にも先にもなかったからだ。

《1975年12月11日にアントニオ猪木とビル・ロビンソンの試合が行われると聞いた馬場は、力道山の十三回忌追善合同大試合をまったく同じ日にぶつけてきたのだ。

力道山の命日は12月15日であり、11日は平日の木曜日である。この日に追善試合を行う理由は猪木×ロビンソンにぶつけること以外何もなかった。

力道山の遺族である百田家から追善試合の日程を聞いた猪木は「ビル・ロビンソンとのビッグマッチが決まっているので日程を変えてほしい」と懇願したが、百田家の対応はけんもほろろであった》（『完本1976年のアントニオ猪木』柳澤健著／文春文庫）

筆者も右の論調には首肯しないでもないが「力道山追善大試合は『猪木対ロビンソン』にぶつけるために企画された」と断定するのには、些か懐疑的である。理由は二つある。

一つは、代償の大きさである。

確かに「猪木対ロビンソン」と同じ日に興行をぶつけることで、同門の兄弟弟子である猪木にダメージを与えることは出来よう。しかし、興行的損失を言うなら「力道山追善大試合」にとっても同様である。

この時代、正真正銘、夢の対決だった「アントニオ猪木対ビル・ロビンソン」の高い注目度を思えば、蔵前国技館に一万人を超える観客が殺到することは容易に察しがつく。その一万人をみすみす取り逃すのは、何の利得にもならない。日程をずらして、猪木ファンも集客に結びつけた方が賢明であり、興行的損失の代償を背負ってまで、猪木への心理的ダメージを優先させるとは考えにくい。

もう一つは、この時代の東京スポーツ新聞社の影響力である。

東京スポーツ（東スポ）がプロレス興行の主催に名を列ねたのは、このときに始まったことではない。前年一九七四年三月十九日の「アントニオ猪木対ストロング小林」も、十月十日の「アントニオ猪木対大木金太郎」も、一九七五年十月三十日の「ジャイアント馬場対大木金太郎」も、いずれも東スポの主催興行である。プロレスのビッグマッチの多くは、新日本、全日本関係なく、東スポが主催に名を列ねるのは慣例だったと見ていい。

東京スポーツは力道山のプロレスを報じることで「親米反共」のプロパガンダを目的の一つと

して一九六〇年に創刊され、力道山最大の後援者にして〝政財界の黒幕〟である児玉誉士夫がオーナーであることは、5章ですでに述べた通りである。

その東スポが興行の主催に名を列ねるのは、会場を借りる際の保証人であることに加え「あの児玉誉士夫が付いている」と思わせることで、何らかの妨害から興行を守ることも企図した。9章で詳述したように、日本プロレスの新社長に就任した百田敬子の後ろ盾として、児玉自身が、日本プロレス協会会長に就任したのと同じ構図である。

その東スポが、大会の主催にクレジットされている事実こそ「猪木対ロビンソン」が「力道山追善大試合」より先に、十二月十一日に開催を決めた痕跡と言える。なぜなら「力道山追善大試合」の方が早くに開催を決めていれば、真っ先に東スポに協力を仰いだに違いなく、主催に据え置いただろうことは、百田家と東京スポーツ及び児玉誉士夫との長年の関係を思えば、自然なことだからだ。

つまり、大恩ある東京スポーツの主催する「猪木対ロビンソン」と同じ日に、わざわざ興行をぶつけるなど、喧嘩を売る行為に等しく、道義的にありえないと言っていい。

であるのに、何故「力道山十三回忌追善特別大試合」も十二月十一日の開催となったのか。

合法的ブローカービジネス

筆者は一九七五年十二月に日本武道館のメインアリーナで開催された、イベントスケジュールの一覧を入手した。

力道山の命日である十二月十五日前後のスケジュールは、以下の通りとなる。

12月10日・全国私立幼稚園ＰＴＡ連合会
12月11日・力道山十三回忌追善特別大試合
12月12日・設営日
12月13日・オール家具超特価市
12月14日・オール家具超特価市
12月15日・Deep Purpleコンサート
12月16日・全国剣道連盟稽古会
12月17日・西城秀樹コンサート

力道山の命日である十二月十五日は、伝説のロックバンド・Deep Purpleのコンサートだった。主催は文化放送とウドー音楽事務所である。

「日本武道館は年始に、武道にまつわる年間スケジュールが優先して入るんです。『柔道全日本選手権』とか『皇后盃全日本なぎなた選手権』とか『少林寺拳法全日本選手権』とか。武道ではないけど、終戦記念日の『全国戦没者追悼式』も年間の恒例のものですね。そういう催しが真っ先に入って、次に空いたスケジュールでコンサートやプロレスや見本市といった催しが入ります」（日本武道館広報部の職員）

こういった証言もある。かつて、都内のラジオ局の事業部に在籍していた人物によるもので、生々しいだけに、本人たっての希望で匿名とする。

「コンサートやイベントは、基本的に放送局や新聞社などのメディアが、年始にハコ（会場）を押さえます。今はそうではないハコもあるらしいんだけど、それでも、ドームや武道館みたいな大バコは、メディアじゃないと貸さないんですよ。なぜなら、あらゆるトラブルが起こったときの保証人になるからです。ファンの将棋倒しとか、舞台装置の不具合による火災とか、いろいろあるでしょう。ああいうとき、社会的実績のある放送局や新聞社が表立って対応します。言うなれば泥をかぶってやるんです」

「それでも、イベントやコンサートってそんなにトラブルも起きないから、それほど泥をかぶることはないし、基本的にぼろい儲けになります。というのも、放送局や新聞社の事業部が押さえたハコは、イベンターやプロダクションに高値で売れるからです。からくりを言うと、メディアは『主催』や『後援』に付くことによって〝名義料〟という名目で、ハコ代に色を付けてイベンターにキャッシュバックさせるんです。言うなれば、合法的なブローカービジネスですね」

「これは余談になるけど、メディアに対して『この〝名義料〟という費目の根拠は何ぞや』という税務署の追及が時々あったりします。そのために『自社媒体やグループ媒体でPR告知をしたり、券売に協力した見返りだよ』という建前を事前に用意しておきます。例えば、フジテレビやニッポン放送が主催するコンサートの広告が、産経新聞やサンケイリビングの端によく出てるでしょう。あれは、その根拠付けのためなんです」

右の証言に則って言えば、一九七五年十二月十五日に開催されたDeep Purpleのコンサートは、文化放送がこの年の始めに武道館のスケジュールを押さえたものを、ウドー音楽事務所に転売し、その年の早い段階で決まっていたと考えるべきだろう。十七日の西城秀樹のコンサートも同様である。

ここで思い出されるのが「この興行は、夏頃から開催に向けて動き始めた」という田中敬子の回想である。

興行のプロとは言えない山本正男は、この年の七月になって、日本武道館の師走のスケジュールを打診したと想像がつく。十二月十五日のスケジュールがすでに埋まっている事実に、山本は言葉を失ったに違いない。

しかし、十二月十一日木曜日が辛うじて空いていた。山本と一緒に武道館に出向いた東京スポーツの事業部の社員は「この日は蔵前国技館で『猪木対ロビンソン』があるから、やめときましょう」くらいは言ったのかもしれない。それでも、客気で知られる山本正男が「猪木は俺が説得して止めさせる」と強弁した蓋然性は低くない。でなければ、ルー・テーズとの一騎打ちに臨むアントニオ猪木の控室に、高倉健のような着流し姿で現れて「追善興行は十二月十一日に決まったから『猪木対ロビンソン』は取りやめにして、こっちの方に出てくれ」などと凄んだりは出来ないはずだからだ。

揉めることがわかっていながら、東スポが「力道山追善大試合」の開催を無理に止めなかった理由もわかる。

前代未聞の大会場での同日興行となれば、双方の対立が過熱するのは確実で、歴史にも残る。東スポとしては、新聞の売上さえ伸びれば言うことはないのだ。そこで、主催よりワンランク落ちる後援ということにして「力道山追善大試合」にも協力することにした。

また、馬場と猪木の対立を感情的に煽り、力道山未亡人の百田敬子まで引っ張り出して、骨肉の争いを演じさせた。現に東スポは連日にわたって、これでもかと双方の対立を煽っている。すべては、興行を盛り上げるためである。

櫻井康雄も言うように、追善興行の実質的な主催者である山本正男が、猪木及び新日本プロレスを屈従させようと、あらゆる手段を講じて圧力をかけたのは事実だろう。馬場の心証をよくして、良好な関係を持続させるためで「山本さんはこれを機に、興行の仕事にも本格的に乗り出そうとしていた」という敬子の証言からもわかる。

ただし、東スポからすれば、そうなることもすべて想像の範疇で、本当に一大事となれば、社主である児玉誉士夫の力をもってすればどうとでもなったに違いない。全国の右翼、博徒、やくざを大同団結させ、六〇年安保闘争の全学連にぶつけて自民党に恩を売った児玉の威光は、この時期においてもまだ健在で、むしろ、櫻井康雄の後年の証言は、そのカムフラージュのようにも映る。

開催二日前に〝和解式〟をセッティングしたのも、前売券の売れ行きを見て、どちらも満員になることがわかったからだろう。手打ちをさせるにはいい頃合と踏んだのだ。

それを思うと〝破門状〟も、確かに敬子が書いたものではないのかもしれない。

以上のことから「馬場による猪木潰しのために企画された」とされる「力道山十三回忌追善特別大試合」だが、筆者は「興行に出遅れた、百田家側の初歩的ミスが原因で起きた」と推察する。

祭りのあと

日本のプロレス史に残る一日となった一九七五年十二月十一日は、日本武道館で行われた「力道山十三回忌追善特別大試合」は一万四千五百人（超満員＝主催者発表）、蔵前国技館で行われた「アントニオ猪木対ビル・ロビンソン」は一万二千人（超満員＝主催者発表）と、どちらの会場も大勢の観客で溢れ返った。

とはいえ、ファン泣かせの一日だったのは言うまでもない。

日本武道館に足を運んだ二十二歳の青年は「猪木対ロビンソンにも、もちろん大きな興味を持っているけど、カードが多彩なのでこっちへ来た」と言い、蔵前国技館に足を運んだ老人は「私は力道山のファンだった。向こうに力道山が出るのなら行くが、そうではないのだから。猪木対ロビンソン戦は最高のカード。本当のプロレスファンなら、こっちに来て当然」と言った（いずれも1975年12月12日付／デイリースポーツより）。

「力道山十三回忌追善大試合」のメインイベント「ジャイアント馬場&ザ・デストロイヤー対ドリー・ファンク・ジュニア&ジャンボ鶴田」は超満員の観客を沸かせたが、「アントニオ猪木対ビル・ロビンソン」は日本プロレス史に残る至高の名勝負として今も語り継がれる。試合内容だけで言えば、明らかに後者に凱歌が上がった。

「猪木さんの方も満員になったのは後で聞きました。馬場さんは誰とやったんだっけ？　大木さん？　もう忘れちゃった。とりあえず、武道館が満員になって、私も引っ張り回された甲斐がありました」（田中敬子）

大会終了後、敬子の身辺に二つの変化があった。

一つは、全日本プロレスの役員から外れたこと。

もう一つは、百田姓から田中姓に戻したことである。

亡夫の十三回忌をやり終えて「力道山未亡人としての責務は十分はたした」と思ったのだ。

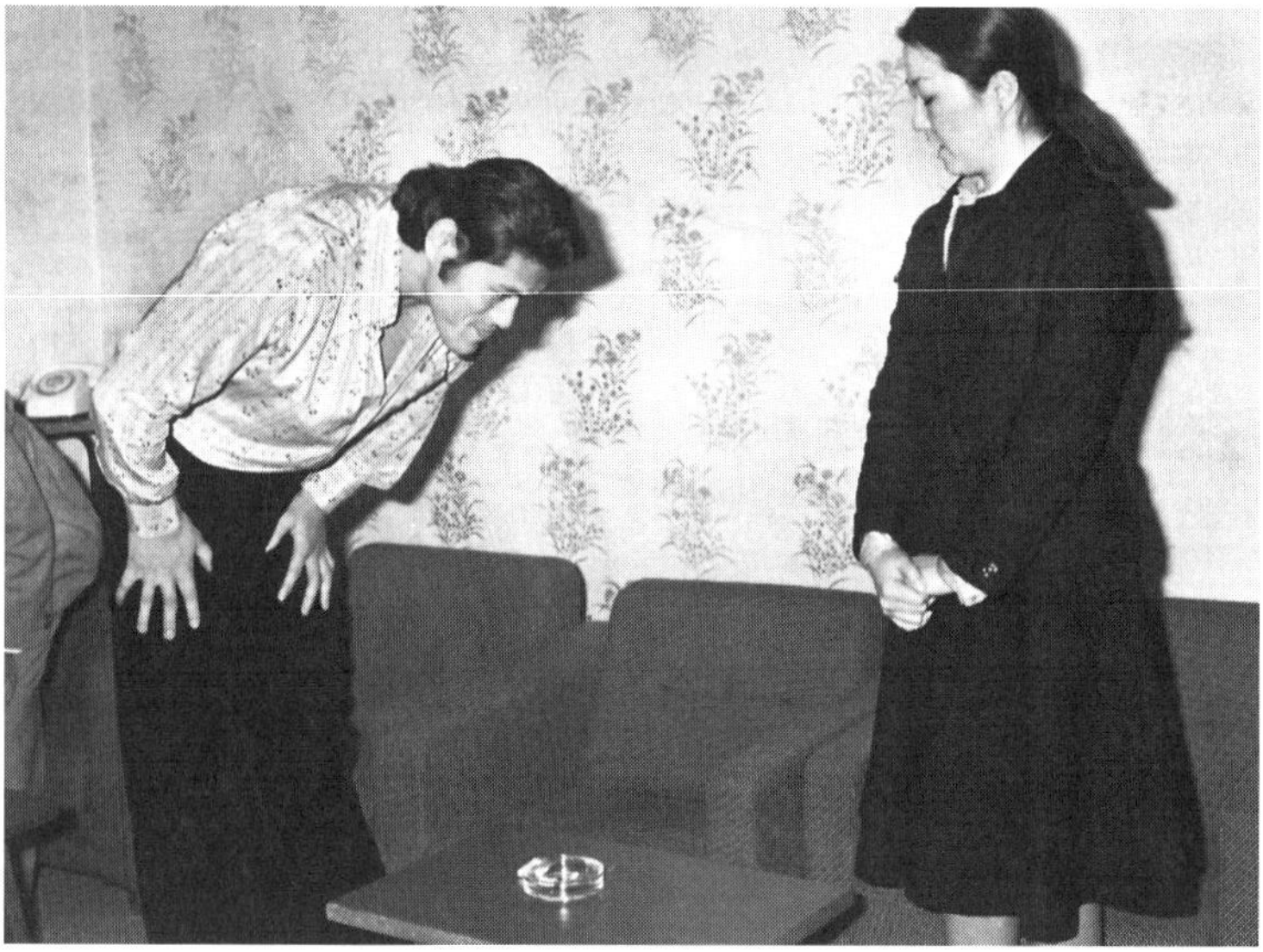

1975年12月9日、帝国ホテル・千草の間にて、
百田敬子に謝罪をするアントニオ猪木
（写真／東京スポーツ新聞社）

力道山13回忌追善特別大試合にて。
左から山本正男、百田義浩、百田敬子、百田光雄、百田義浩夫人、百田千恵子
（写真／ベースボール・マガジン社）

13
章
「猪木対タッキー」

2003年12月4日にホテルニューオータニにて行われた出版記念パーティにて。
アントニオ猪木に〝気合〟を入れる田中敬子

築十五年が過ぎて、赤坂のリキアパートにも小さな損壊が目立つようになった。壁、床、水道、電気……。二十周年を機に大幅リフォームを計画していた田中敬子に、不動産に明るい知人がこう具申した。

「いっそ、土地ごと売ってはどうです。そうしたら、相続税も払い終えられますよ」

亡夫力道山の遺したリキアパートだけは、売り払うなど考えたこともなかったが、いざ思案すると、自分でも驚くほど抵抗がなかった。相続税の呪縛から逃れられることもそうだが、四十歳を迎えたのを機に、新しい人生を歩めそうな気がしたからだ。

そうと決めたら行動は早く、住民説明会を行うなど補償額も含めて話し合った。さほど紛糾することはなかったが、売却に唯一抵抗を示した住人がいた。十六年間住み続けたジャイアント馬場である。

「だったら、次の場所も、紹介してもらえませんかねえ」

そんな折、敬子の友人が、夫婦でサンフランシスコに移住することになった。住んでいた恵比寿のマンションを手放すという。

「次に住む人に売りたいのよ。誰かいない？」

そう言う友人に「あ、ちょうどいい人がいるわ」と敬子は答えた。

ジャイアント馬場が亡くなるまでの十八年間、恵比寿のマンションに住み続けたのは、右の理由からである。

一九八一年三月末日、敬子はリキアパートとリキマンションを併せて売却した。離れる日は心の中で亡夫に謝った。あの人なら許してくれそうな気もするが、どうだろう。

出費も幾分かさんだが、折も折、赤坂一帯の土地が高騰していたこともあって、算盤通り、利益を残した上で相続税を完済した。

敬子は、ようやく長い旅を終えたのだ。

豊登の後半生

代官山のマンションで、大学生になった娘の浩美との新生活が始まった。

リキアパートから離れたのを見計らったように、敬子のもとに、いくつかの縁談が舞い込むようになる。

「そろそろいいでしょう、リキさんも許してくれますよ」

しかし、まったくそんな気にならなかった。

「再婚は考えたことがなかったです。正直に言うと、お付き合いをしていたボーイフレンドは何人かいました。でも、今の四十代の人と違って若くもないし、今更っていう感じもあった。それと、長年の返済から解放されてすぐだから、しばらく自由を謳歌したかったのもあります」（田中敬子）

アパートを売却したことで、プロレスとの縁は切れたかに見えた。長女の千恵子も嫁いで久しく、長男の義浩までが全日本プロレス所属のレスラーとなり、以前ほど頻繁に会わなくなった。

そんな頃、ある人物が代官山の自宅を訪ねて来た。豊登道春である。

日本プロレスの社長の椅子を、敬子からひったくるように取り上げておきながら、一年持たずに会社を追われ、東京プロレス、国際プロレス、新日本プロレスと転々としたのち、忽然と姿を消していた。関係者の誰も居所を掴んでおらず「浮浪者になったらしい」「病気で寝たきりらしい」「山奥の寺に身を寄せているらしい」と、あらゆる風説が飛んでいた。

作家の色川武大はこう書いている。

《力士からプロレス転向組で、ひところかなりの人気があった怪力豊登。しばらく名前をきかないと思ったら、さるやくざの親分のところで、ていのいい用心棒を務めていた由。ところが年齢に加うるに糖尿病で痩せ細り、かつての面影がない。親分が連れて歩いてもあまり信用されない。(中略) 誰も本物と思わないようでは連れ歩いても恰好がつかない。親分、とうとう彼をクビにしてしまったとか》(『なつかしい芸人たち』/新潮文庫)

その豊登が、突然、敬子の前に現れたのだ。

「どうして、ここがわかったんです?」と訊くと「ある人から聞いて……」と申し訳なさそうに言った。巨体もめっきり小さくなっていた。

豊登は「奥様には本当にご迷惑をおかけして、申し訳ありませんでした」と言って深々と頭を下げた。来訪の理由は往年の不実を謝りたかったらしい。敬子はこう返した。

「もう、昔の話です。私も何も知らなかったから、ああいうことになりました。お互いに、今が元気ならそれで十分でしょう」

しばらく、昔話に花を咲かせた。豊登は自分が消息不明だった割に、朋輩の現況を正確に摑んでいた。

芳の里淳三はトロフィーやチャンピオンベルトをプロレス団体に貸し出すことで糊口を凌ぎ、遠藤幸吉は消費者金融を営みながら、プロモーターとして新日本プロレスの興行を手掛け、吉村道明は大阪に戻って、母校近大の相撲部監督として後進を指導している……。

アントニオ猪木に話が及ぶと、豊登は感じ入るように言った。

「猪木は凄いやつです。あいつこそ、先生の夢を成し遂げようとしています」

あなたの夢を叶えましたよ

田中敬子は「力道山十三回忌追善特別大試合」以降、アントニオ猪木とは没交渉になっていた。熱心にビジネスに取り組んでいることは人伝に聞いてはいたが、自宅で打ち合わせをする際「肩を揉みに来い」と必ず同席させた亡夫の本心を、彼は気付いていたかどうか。

その猪木のビジネスが、暗礁に乗り上げていることも小耳に挟んではいた。ブラジルでの農業体験をもとに、サトウキビの廃物を牛の飼料に改良し、糞は肥料にして植物を育てるという、食糧問題と環境問題を同時に解決する世界的事業なのだが、五十億円もの負債を抱えているという。

それを聞いて「あのまま、主人が生きていたら……」と敬子は考えずにいられない。

相模湖畔のレジャーランド計画は、一人の実業家が手掛けるには、当時としては壮大すぎる計画だった。疲労困憊の身体に鞭打って、リングに上がり続けた亡夫の姿と、返済に苦しみ、社内クーデターを起こされながらも、リングに立ち続ける猪木の姿が重なった。「結局のところ、猪木さんこそ、主人の化身かもしれない」と思うようになった。

そのアントニオ猪木が、乾坤一擲の勝負に討って出た。参議院選挙に立候補したのだ。

一九八九年七月の参院選は、土井たか子率いる日本社会党（現・社会民主党）の〝マドンナブーム〟が吹き荒れ、自民党が歴史的惨敗を喫した選挙である。そんな中、小政党のスポーツ平和党を立ち上げ、「国会に卍固め」「消費税に延髄斬り」という意味不明な公約を掲げ、無謀とも言える選挙戦に討って出たのだ。

これには敬子も関心を抱かざるをえない。政治家になるのは亡夫の夢でもあったし「事業では果たせなかった夢を、政治で成し遂げようとしている」と思ったからだ。

投開票日、敬子もスポーツ平和党に一票を投じた。とはいえ「今回は社会党が強いから難しいかな」と思ってもいた。

その夜、各局の選挙特番をザッピングしながら見ていたら、近頃よくテレビで見かける人物がコメンテーターとして出演していた。日本航空の同期だった安部直也である。

安部譲二の筆名で、三年前に発表した自伝的小説『塀の中の懲りない面々』がミリオンセラーとなり、この時期はメディアに引っ張りだことなっていた。「こんな仕事までするんだ」と、かつての同僚を呆れるように見た。

この選挙特番に安部譲二がキャスティングされた理由は、麻布中の同級生だった橋本龍太郎が、自民党幹事長として孤軍奮闘していたからである。流行作家はかつてのクラスメイトにエールを送りながら「猪木さんも頑張ってましたけど、ちょっと届かないかもしれませんねえ」とそつなくコメントしている。

事実、開票が進むにつれてスポーツ平和党の票は伸び悩み、今と違って投票率の高かったこの時代は、日付を跨いでも全議席が決まらず、もつれにもつれた。

翌日の午後「そういや、猪木さんどうなったんだろう」と敬子がテレビを付けると、自民党の扇千景と最後の一議席を争っていた。しばらく食い入るように見ていると「今、スポーツ平和党に当確が出ました」とNHKのアナウンサーが興奮気味に伝えた。

その瞬間「やったじゃん」とつい声を張り上げた。そして、すぐさま仏壇の前に座ると、おりんをチーンと鳴らしてこう言った。

「猪木さんが、あなたの夢を叶えましたよ」

平和の祭典

一九九四年のことである。自宅に電話がかかってきた。受話器を取ると、少しくぐもった男性の声がした。

よく聞き取れず「どなたです?」と訊き返すと、幾分、明瞭になった口調でこう言った。

「ご無沙汰しています。猪木です」

「猪木さん？」

「あ、はい、どうも」

猪木が言うには、翌年に平壌でプロレスのイベントを計画しているというのだ。

「平壌でプロレスやるんですの」

「ええ、二日間で三十万人集めてやります」

規格外の計画である。スタジアムの芝を傷めないために、新潟から大量の木材を船で運び、特注のマットを敷くという。すべて、新日本プロレスの持ち出しでやるため「どうも、赤字みたいで」と他人事のように言う。

また、「先生は朝鮮に錦を飾りたかったろうなって思うんです」とも口にした。これには敬子も驚いた。同じことを考えていたからだ。

「成功をお祈りしていますね」と敬子が言うと、猪木はこう切り出した。

「奥さんも一緒に行きませんか」

敬子は「行きます」と咄嗟に言いかかったが、慌てて口を噤んだ。

「この頃の私は民団（在日本大韓民国民団）との交流が盛んだったんです。『力道山の話を聞かせてほしい。講演で話してほしい』って。だから、北朝鮮に行くのは立場的に難しかった。でも、一度は行ってみたいとは思っていて」（田中敬子）

アントニオ猪木が主催する「平和のための平壌国際体育・文化祝典」は、一九九五年四月二十八・二十九日の二日にわたって、平壌市内の綾羅島メーデースタジアムにて行われ、二日間併せて三十四万人（超満員＝主催者発表）の大観衆で埋め尽くされた。とはいえ、有料入場者数はほとんどおらず、新日本プロレスは大きな赤字を作った。

アントニオ猪木は、元世界ヘビー級王者・モハメド・アリの立会のもと、元NWA世界ヘビー級王者のリック・フレアーと戦い、延髄斬りからの体固めで勝利を収めた。

三カ月後、参院選に臨んだアントニオ猪木だったが、スキャンダルの影響もあって再選はならず、しばらく政治の世界から離れた。

メモリアル力道山

一九九五年十二月十日、池上本門寺で「力道山三十三回忌法要」が営まれた。

法要にはジャイアント馬場、アントニオ猪木の両者が揃って顔を見せた。その上、日本プロレスの社長だった芳の里淳三も列席し、往年の関係者の大半が一堂に会した。

法要の前に本門寺横の茶店で懇親会を開くと、珍しいことに、ほとんどの関係者が顔を出した。それぞれ、期するものがあったのかもしれない。

二十年前の興行戦争の話になった。

「あの追悼興行は実は俺も出たかったんですよ」と猪木が軽口を叩くと、馬場が即座に反応した。

「馬鹿野郎、お前、断ったくせして」

満座が大きな笑いに包まれた。本来なら話はそこで終わるものだが「だったら、今度は新日本と全日本の両方が協力して、力道山先生の追悼イベントやりましょう」と誰かが言い出した。

瓢箪から駒とはこのことで「力道山ＯＢ会＆プロレス」という組織が正式に発足の運びとなった。会長は芳の里淳三、最高顧問にジャイアント馬場とアントニオ猪木。田中敬子も会員に名を列ね、若き日に、リキ観光開発の社員だった岩澤敏雄が事務局長として組織を切り盛りした。

一九九六年六月三十日、横浜アリーナにて「メモリアル力道山」なる追悼興行が開催された。新日本プロレス全面協力のもと、当時のプロレス十六団体が名を列ね、それぞれ、一試合ずつ、合計十六試合を提供したのだ。

「この頃、久しぶりに敬子さんと会ったんです。『あら、小鹿さん、元気？』なんて言って、前より随分と明るくなっていた。『この人は先生の未亡人ってことで、重い雰囲気で人前に現れていたけど、実はこういう人なんだ』って気付かされましたね」（グレート小鹿）

新日本が全面的に協力したのは、当時の社長である坂口征二が「日本プロレス時代の上役である芳の里さんに恩返ししたい」という意向があったからだ。その意味でも歴史的な意義はあった。敬子も満足だったが、課題も残った。会場が満員にならなかったことだ。

馬場さんと会いましょう

一九九八年四月四日、東京ドームに七万人（札止め＝主催者発表）の大観衆を集めて、アントニオ猪木が引退試合を行った。

田中敬子のもとにも招待状が来たが、行かなかった。所用があったし「あの人がこれで引退なんてしない」と思ったのもある。

事実、ここから猪木の動きは活性化する。新日本プロレスから離れた分、行動上の制約も減って自由に動き回るようになった。敬子も頻繁に会うようになった。昔から知っているはずなのに「こんな人だったのか」と驚き、会うたびに新鮮な想いがした。

「猪木さんは、よく言われる底抜けに陽気な人とも少し違います。こっそり、面白いことを考えてたり、プロデューサー気質というか裏方も向いているような感じがしたんです」(田中敬子)

ある席で、敬子は猪木に言った。

「今度、馬場さんも入れて、三人で会いましょうよ」

そう言うと、虚を突かれたような表情になりながら「いいですね」と即答した。

「面白そう」

「でしょう」

ジャイアント馬場が亡くなったのは、それから間もなくのことだ。

恵比寿のマンションの前には、報道陣が山のように集まっていた。敬子は彼らを掻き分けて、何とかエレベーターに乗り込んだ。

骨壷に入った馬場と対面する。傍らには、妻である元子の姿があった。彼女は気丈に振る舞っていた。

「ご足労いただき、ありがとうございます」

そんな元子の表情にも、苦労の跡だけは隠しようがない。彼女をいろいろと言う人はいる。敬子の耳にも聞こえてこなかったわけではない。でも、彼女なりに戦ってきたのだ。

敬子は、元子の手を優しく握った。

ずるいなあ

「第2回メモリアル力道山」の開催が正式に決まった。会場は前回と同じく横浜アリーナ。一万八千人の大会場である。

敬子は、どうしても満員にしたかった。「力道山の名前を冠する大会が、空席が目立っては絶対にいけない」と思った。

問題は誰にオファーするかである。もちろん、前回と同様、男女すべてのプロレス団体に声をかけることは決まっていた。それでも、ビッグカードが組まれる可能性は低い。それぞれの団体にとって、自社の大会に温存しておきたいはずだからだ。とすると、大きな目玉が必要となる。

敬子の肚は決まっていた。アントニオ猪木である。

関係者の多くが難色を示した。ああまで、盛大に現役を退いた猪木を引っ張り出すのは、さすがに難しいだろうということだ。

「でも、本人に当たってみましょうよ」と敬子は押し切った。勝算があったのだ。

都内のホテルで猪木に出場を打診することになった。出席するのは、田中敬子、力道山OB会事務局長の岩澤敏雄、若いスタッフの三名。猪木側は、アントニオ猪木と猪木事務所取締役の伊藤章生の二名である。

リキ観光開発の社員だった岩澤からすれば、若き日の猪木を知っている。とはいえ、今は立場が違うことも自覚している。「力道山追善大試合」のときの山本正男のように、大事なビッグマッチの直前に控室に現れて威圧的に振る舞っては、まとまるものもまとまらない。岩澤は静かに語りかけるように、猪木にこう言った。

「猪木さん、このたび『メモリアル力道山』の第二回目を開催することになりました。会場は同じく横浜アリーナを押さえています」

猪木が「そうですか、私に出来ることがあれば協力させてもらいます」と返すと、岩澤は身を乗り出すように言った。

「そこで、ご相談ですが、猪木さんに出場してもらいたいのですが」

そう言うと「難しいですね。ご承知の通り、私は現役を引退した身ですから」と猪木は答えた。

ここで、敬子が口を開いた。

「猪木さん、十三回忌のときの罪滅ぼし、ここでして下さらない？」

すると「ずるいなあ、その話をここで持ち出すんですか」と猪木は相好を崩した。

「だって、ここしかないじゃん」

そこから話し合いは進み「じゃあ、エキシビションなら」と猪木は折れた。

次に対戦相手の選定に入った。ドリー・ファンク・ジュニア、ビル・ロビンソン、ビッグバン・ベイダーなど往年の好敵手の名前が挙がったが、いずれも乗り気ではなさそうだった。「もういい」と顔に書いてあった。

「では、どなたか、戦いたい相手はいますか」

若いスタッフが恐る恐る尋ねると、猪木は真剣な表情でこう言った。

「俺は藤原紀香とならら喜んで戦う」

ワシントンハイツ

戦後間もない時期に、代々木公園の一角に、ワシントンハイツなる集合住宅があった。日本を統治したGHQが、米軍人及び軍属の住居を確保するために、当時の渋谷区長・磯村英一に命じて作らせたのだ。ここに住んでいた一人に、米軍属として朝鮮戦争にも従軍した日系二世の喜多川擴《ひろむ》もいた。ジャニーズ事務所創業者のジャニー喜多川である。

ジャニー喜多川が、代々木公園で遊んでいる少年たちに片っ端から声をかけ、少年野球チームを結成した。それが「ジャニーズ」の原型である。彼らの評判は瞬く間に広がり、試合ともなると、近隣の住民が応援に駆けつけるようになった。

その中に力道山の姿もあった。喜多川家の後見人である〝日本の宝石王〟ことフィクサーの大谷貴義と懇意にしていたからで、それどころか、大谷の長女で一九五七年の「ミス・ユニバース」日本代表にも選ばれた、モデルの大谷享子と交際していた時期もある。

それもあって、メリーとジャニーの姉弟とは古くからの顔見知りで、交流は力道山が鬼籍に入るまで続いた。姉弟にとって社会的成功を収めた力道山は、憧れの存在だったはずだ。

「藤原紀香とならら戦う」という猪木の発言が呼び水となって、意外な相手が浮上するのである。

それは、雑誌を読んでいた若いスタッフの、何気ない一言がきっかけだった。

「タッキーってプロレスファンなのかあ」

岩澤敏雄が「タッキーって誰？」と尋ねると「ジャニーズの滝沢秀明です」と若者は答えた。岩澤は雑誌に載る滝沢秀明を見て「今度の大会に来てもらえないかな」と呟いた。来場しただけでトピックになるからだ。

そこから、話はとんとん拍子に進み「オープニングセレモニーで君が代を歌う」というところまで話は進んだ。容易に事が運んだのには理由があった。以前、あるパーティで田中敬子は、ジャニーズ事務所副社長のメリー喜多川を紹介されたことがあったのだ。

「力道山の家内でした、田中敬子と申します」

そう言うと、芸能界きっての女帝は低姿勢にこう言った。

「藤島泰子です。リキさんには生前、ひとかたならぬ、お世話をいただいておりました」

「ああ、大谷貴義先生の関係で……」と敬子が水を向けると、メリー喜多川は首肯しながら「私が四谷で店をやっておりました頃にも、随分と足を運んでいただきまして」とも言った。

ジャニーズ事務所を起業する前の昭和三十年代、メリー喜多川が四谷三丁目で「ＳＰＯＴ」というショットバーを経営していたのは有名な話だろう。浅利慶太、小澤征爾、永六輔、後に亭主となる作家の藤島泰輔ら文化人の常連客に混じって、往時の力道山も姿を見せていたことは、敬子も聞き知っていた。

「そういう昔からの関係性があったから話が進んだんです。でなければ、タッキーなんか無理だもん。『結局のところ、私は主人に守られてるんだなあ』って痛感しましたね」（田中敬子）

二〇〇〇年二月二十一日、「第2回メモリアル力道山」の記者会見が開かれ、田中敬子、アントニオ猪木、滝沢秀明が出席した。

マイクを握ると、滝沢はこう言った。

「実は、ジャニーズに入る前『プロレスラーになろう』って真剣に考えていたんですよ」

記者の間からどよめきが起きた。当時のレギュラー番組『やったるJ』（テレビ朝日）で、メキシコロケの折、ルチャ・リブレ（プロレス）のジムに入門をするなどしていたが、本当にプロレスファンだと誰も信じていなかったからだ。

そして、決定的な一言を述べた。

「僕も試合に出られないかなあ」

現場の狼狽ぶりは、想像の通りである。

猪木対タッキー

二〇〇〇年三月十一日、横浜アリーナは、早い時間から女性ファンで溢れ返った。

一方、ジャニーズにもアイドルにも、まったく関心のなさそうなファンも大挙してやってきた。

「スペシャルエキシビジョンマッチ三分一本勝負／アントニオ猪木対滝沢秀明」——こんな異次元の戦いは二度と見られるものではないからだ。

白のTシャツにスウェットパンツ姿の猪木に、黒のウィンドブレーカー上下のタッキーが向かい合う。レフェリーの藤原喜明が、両者をリング中央に呼んで注意事項を告げると、猪木が「時間無制限でやらせろ」とアピール。さらに、頬を軽く張ると、プロレス志望者らしく、タッキーは思いのほか大きく吹っ飛んだ。早くも女性ファンの悲鳴が響き渡る。

開始のゴングと同時に、猪木はモハメド・アリ戦で見せたスライディングキックを放った。エキシビションマッチの範疇を超えている。それを牛若丸のような天才的な反射神経で、タッキーが跳び上がってかわすと、場内の興奮はいきなり最高潮に達した。

序盤は猪木のペースである。手四つからリバーススープレックス、タックルで組み伏せ、マウントポジションから張り手の連打。レフェリーの制止も聞かず殴り続ける。芸能人相手の平和なムードを壊そうとしているように映る。

程なくして、タッキーも反撃に移る。猪木のTシャツを引き裂き、ローキック五連発。たまらずダウンした猪木にエルボードロップ。すかさず、フォールの体勢に入ると、レフェリーが超高速3カウントを決め、見事にタッキーが勝利を収めた。

「叩かれた痛みも、うれしさに変わった。改めて冗談抜きでプロレスを真剣に勉強したくなった。ジャニーズ初のプロレスラーってのもいいですね」（滝沢秀明のコメント／2000年3月12日付／スポーツ報知）

その後、リング復帰が幾度となく噂されたアントニオ猪木だったが、二〇一三年に国政に復帰すると、噂も立ち消え、二〇二二年十月一日に他界するまで、一度も試合を行うことはなかった。

かくして「第2回メモリアル力道山」における滝沢秀明戦こそ〝プロレスの天才〟アントニオ猪木にとって、正真正銘のラストマッチとなったのである。

出版記念パーティ

二〇〇三年十二月四日、ホテルニューオータニで盛大なパーティが開かれた。

列席者八百人とは只事ではない。

中曾根康弘、海部俊樹、羽田孜、森喜朗と歴代首相から花と祝電が届き、アントニオ猪木と坂口征二が主賓に名を列ね、金田正一、張本勲、森徹と往年の野球選手の姿も目立つ。

パーティの主役は、田中敬子である。

この年の夏に著書『夫・力道山の慟哭』（双葉社）を上梓すると、友人たちが「出版記念パーティをやろう」と騒ぎ出したことに始まる。敬子の合意もよそに「実行委員会」がにわかに結成されると、彼らは、その年の暮れのホテルニューオータニを押さえた。

「ニューオータニなんて信じられない」と渋る主役の言い分に耳を貸さず、実行委員会は案内状を大量に印刷し、方々に送り始めた。もちろん「田中敬子」としてである。「前にも似たようなことがあったなあ」と思いながら、敬子は事の成り行きを見守った。

『夫・力道山の慟哭』は、敬子にとって初の著作であり自伝でもあったが、自分の話は最小限に留め、亡夫との想い出を中心にまとめた。双葉社の担当編集者は「もう少し、ご自身のことも書きましょう」と言ったが、需要があるとも思えず、パーティに気乗りしない理由もそこにあった。

しかし、いざ当日を迎えると、千人近い列席者が集まり、東京の師走を飾る大レセプションとなった。

乾杯の発声は、亡夫にとって弟のような存在だった張本勲がつとめた。

「いつもは『喝』と大声で言う私ですが、今日は『乾杯』と大声で言わせていただきます」

次いで、金田正一、森徹と続けてマイクを握った。

そして、亡夫の愛弟子であるアントニオ猪木が壇上に上がる。祝辞を述べると、司会のせんだみつおが「じゃあ、今日は猪木さんが、敬子さんに〝気合〟を入れてもらいましょうか」と言った。場内爆笑である。

この時期、アントニオ猪木の代名詞となっていたのが〝気合〟だったのは、記憶に新しい。「気合を入れて下さい」と頼むと、猪木は所構わず張り手を見舞う。見舞われた当人は「ありがとうございます」と一礼して去っていく。まことに奇妙な現象だが、その逆をやってもらおうというのである。

場は大いに盛り上がった。とはいえ、危惧する声がなかったわけでもない。

前年の大晦日、さいたまスーパーアリーナで行われた「INOKI BOM-BA-YE 2002」において、アントニオ猪木は最前列で観戦していた野村沙知代をリングに上げて、張り手を見舞おうとするも、野村沙知代が逆に頬を叩くと、逆上して全力で張り返すという一幕があった。

ピアスは吹っ飛び、彼女はよろけた。今なら問題になったかもしれないが、張られた野村沙知代は涼しい顔をして、夫の待つリングサイドに戻った。関係者はそのことを危惧したのである。

同じことが起きないとも限らない。何せ猪木のやることである。パーティの主役である力道山未亡人が張り返されたら、さすがに洒落にならない。

「野村沙知代さんに張り返したことは、その時点では知りませんでした。知ってたら？　うーん、まあ、でも、盛り上がってたし、私は何だってそうなんだけど、その場のノリで大抵はやれるんです」（田中敬子）

改めて向かい合うと、体格差は歴然としている。眼の前に立つアントニオ猪木は巨大な岩のようで、恐れの気持ちがなかったと言えば嘘になる。

敬子は心の中で亡夫に念じた。

「あなたが代わりにぶってやって下さいな」

次の瞬間、自分でも驚くほど強く張った。

すると、猪木は左の頬を押さえながら、壇上をのたうち回った。場内が爆笑と歓声に包まれたのは言うまでもない。

鳴り止まない拍手を聞きながら、敬子は奇妙な感慨に浸りながら、その光景を眺めていた。

2006年12月7日、都内にて左から田中敬子、大木金太郎、アントニオ猪木

終章

「甲子園」

2003年7月17日、日本外国特派員協会主催の
「Tanaka Keiko, Window of Prowrestling Legend Rikidozan」に招かれた田中敬子

二〇〇八年七月、六十七歳になった田中敬子の姿は、日差しの照りつける野球場のスタンドにあった。

亡夫に連れられ、後楽園球場で巨人対国鉄を何度か観戦したくらいで、これまで、野球はほとんど見たことがなかった。興味も関心もなかった。であるのに、このところ、憑かれたように球場に足を運んでいる。暑いのは苦手のはずだが、ほとんど苦にならない。

敬子の姿は「塾高」こと慶應義塾高校の応援席にあった。通ううちに、学校関係者と顔馴染みとなった。

「いつも大変ですね」

「いえいえ、新しい生き甲斐が出来ましたので」

「全国高校野球選手権大会」が、第九〇回の記念大会を迎えた二〇〇八年夏、神奈川県代表は、南北二つに分かれることになった。

北神奈川に属する慶應義塾高校は、甲子園常連校の横浜高校や横浜商業とぶつからずに済む。とはいえ、北神奈川にも、桐蔭学園、法政二高、桐光学園、東海大相模といった強豪校がずらりと並んでいる。特にこの年〝超高校級スラッガー〟大田泰示（現・横浜ＤｅＮＡベイスターズ）を擁する東海大相模が優勝候補の最右翼と見られ、敬子の応援にも一段と熱が入るのだった。

敬子の視線はマウンド上に注がれる。いや、マウンド上にしか注がれないと言っていい。

「ナイスピッチング」

１８６cmの長身から繰り出す威力十分のストレートでぐいぐいと押しながら、落差の大きいカーブに高速スライダーと、変幻自在の投球術に定評のある塾高左のエースが、敬子のお目当てである。

敬子は、応援席に溶け込みながら別種の空気を漂わせる、白の帽子とポロシャツ、薄茶のゴルフパンツという、お決まりの風体の男の正体を嗅ぎつけた。プロのスカウトである。

いつもなら、バックネット裏にいるはずのスカウトが応援席にいるときは、選手の身辺を探っている場合で、この投手のこともスカウトはマークしているのだった。

二〇〇八年七月二十二日、北神奈川県人会四回戦のこの日、終盤八回を迎えて、平塚球場の応援席に件の男が現れると、敬子にさりげなく近寄ってきた。

「暑い中、お疲れ様です」

「どうも、お宅さんも毎日大変ですね」

敬子がそう返すと「見た感じ、今日はどうです？」と男は矢庭に切り込んだ。

「私には詳しいことはわかりませんねえ」とかわしながら「性格的にリリーフの方が向いているのかもしれませんね。私は先発で出てもらって、長いイニング見たいのですが」などと、世間話のつもりが、つい、相手が気になるようなことを口にしてしまう。

男は「なるほど」と小さく呟いた。

左のエースは九回裏も無失点で抑えてゲームセット。慶應義塾高校は保土ヶ谷球場で行われる翌日の準々決勝に駒を進めた。

敬子も応援団と一緒に立ち上がって、これでもかと手を叩く。男は訊いた。

「明日も？」

「もちろん。お宅さんも？」

「いえ、明日は千葉です。では、決勝で」

そう言い残して、男は姿を消した。

翌朝、スポーツ紙に次の記事が載った。

《8回からプロレスラー、力道山の孫のエース・田村圭（3年）がリリーフ。「ヨッシャー」と叫ぶなど、戦後の国民的ヒーローだった祖父を思わせる気迫で2回を1安打無失点に抑え、完封リレーを締めた》（2008年7月23日付／スポーツ報知）

慶應義塾高校のエース・田村圭は、娘の浩美の息子、すなわち、敬子の孫であり、亡き力道山の孫となる。

原二世対力道山の孫

田中敬子が、孫である田村圭の試合を観戦するようになったのは、前年、二〇〇七年の夏の神奈川県大会からである。

惜しくも甲子園出場はならなかったが、敬子の中で眠っていた何かが弾けた。

そして、二〇〇八年春のセンバツに慶應義塾高校が選ばれると、マスコミはこぞって「力道山の孫、甲子園へ」と書き立て、敬子の周辺もにわかに騒がしくなった。

田村圭が中本牧リトルシニアに属していた中学生の頃、敬子は張本勲に引き合わせている。

「お前、リキさんの孫かあ」と言うと、張本はその場で手取り足取り指導を始めた。

「下半身を鍛えろ。そしたら、球は伸びる」

「ありがとうございます」

「圭、よかったわね」

〝安打製造機〟の異名を取った往年のステッガーの指導が奏功したかは判然としないが、程なく球速がつき、神奈川県下で田村圭の名前を知らない関係者はいなくなった。

当然、幾多の高校からプロテクトの誘いがあったが、慶應義塾高校を選んだ。「野球だけの人生じゃない」ということかもしれない。それでも、一年生から登板機会は多く、早い段階からスカウトの注目を集めるようになっていた。

そして、二〇〇八年夏、田村圭は高校生活最後の大会を迎えた。敬子は「こうなったら、県大会から行ってやる」と決めたのだ。

二回戦シードの慶應は、七月十五日のひばりが丘高を15—0のコールドゲームで下すと、鶴見高（10—0）、神奈川工（4—0）と勝ち進み、準々決勝では川崎工（7—3）、準決勝では、春の県大会で7—0のコールド負けを喫している桐光学園に5—2で競り勝ち、七月二十七日に横浜スタジアムで行われる北神奈川県大会の決勝戦に勝ち進んだ。

相手は下馬評通り、東海大相模である。

一年生から四番を打ち、二年秋から主将をつとめた主軸打者の大田泰示は、県大会でも大会記録に並ぶ四本の本塁打を放つなど、母校の先輩にちなんで「原辰徳二世」と呼ばれていた。その大田泰示と田村圭の戦いは「原二世対力道山の孫」として、横浜界隈でちょっとした話柄となっていた。

ただ、敬子にとって引っかかることもある。

「圭のことを『力道山の孫』って周りは呼ぶけど、どうなんでしょう。本人にとっては田村圭でしかないんでね」

決勝戦が始まった。4回裏、その大田がレフトスタンドに先制ホームランを叩き込む。大会新記録となる第五号である。

その後、慶應は同点に追いつくも、6回裏に再び勝ち越され、田村圭はここでマウンドを降りた。そこから試合はもつれにもつれ、6―6のまま延長戦に突入する。

延長13回、東海大相模のマウンドを任されたのが、中学時代は剛速球投手として鳴らした大田泰示である。その大田の渾身のストレートを、慶應主将の山﨑錬が満員のライトスタンドに放り込んだからたまらない。3ランホームラン。9―6で死闘を制した慶應が、甲子園春夏出場を決めた。

敬子は歓喜の輪の中にいる愛孫の姿を、いつまでも追っていた。

甲子園

春夏連続出場をはたした慶應義塾高校には、一九一六年の第二回大会以来となる「九十二年ぶりの全国制覇」という期待が寄せられた。

一九一六年というと、田中敬子どころか力道山すら生まれていない。その悲願がよりによって、自分の孫の双肩にかかっていると思うと「天運かもしれない」と敬子は感じずにいられない。

そうでなくても、慶應にとって夏の甲子園は、一九六二年以来、四十六年ぶりの出場となる。この年は力道山が〝銀髪鬼〟フレッド・ブラッシーとロサンゼルスで戦い、試合をテレビで試合を見ていた老人がショック死し、日本航空スチュワーデスの田中敬子と出会ったエポックな年である。その記念すべき大会で、孫が甲子園で投げる姿が見られようとは思わなかった。

期待に応えるように、慶應は一回戦から順調に勝ち上がっていく。

松商学園（長野）に6―4、高岡商（富山）に5―0、青森山田（青森）に2―0。いずれも先発のマウンドを任された田村圭は、力投の末にチームを勝利に導いた。

《力道山のDNAを受け継ぐ左腕は、全身をフル稼働させるフォームから、最速140キロを内外角に投げ込んだ。雄叫びをあげ、拳を握った》（2008年8月6日付／スポーツ報知）

《渾身のスライダーが主砲・田中翔のバットに空を切らせる。ピンチ脱出だ。アッパーカットのように激しく拳を突き上げた。ベンチで上田誠監督と力強くハイタッチ。「田村、痛いよ‼」闘魂サウスポーが威風堂々の快投を演じた》（2008年8月12日付／スポーツ報知）

いずれも、記事をまとめた『スポーツ報知』の加藤弘士記者が、根っからのプロレスファンであることを差し引いても、田村圭の強気の投球が祖父譲りであるのは間違いないのだろう。

こうなると、敬子の甲子園通いも過熱する。さすがに、学校の用意した応援バスで向かう体力はなく、新幹線を利用するしかないが「こんなことなら、ウィークリーマンションでも借りとくんだった」とぼやいた。

準々決勝の浦添商（沖縄）との試合は文字通りのシーソーゲームとなった。初回に一点先制されるも三回裏に追いつき、四回表に勝ち越された。この日の先発は右のエース・只野尚彦である。「今日は、圭の登板はないのかしら」と敬子の脳裏をよぎった矢先の五回表、田村圭はマウンドにのっしのっしと上がった。その大きな背中を見ながら「あなた、今日も勝たせてやって下さいよ」と心の中で亡夫に祈った。

満身創痍なのはアルプススタンドから観戦していてもわかった。それでも、七回裏に勝ち越すとスタンドはお祭り騒ぎで「よし、もう明日以降のホテルも押さえちゃえ」とまで思った。

しかし、次のイニングが始まっても愛孫はベンチから出て来ない。四万五千人の大観衆が騒然となる。約十分後、小走りでマウンドに姿を見せるも、アクシデントがあったのは間違いなく、次の回、連打を浴び同点に追いつかれた。「ホテルの予約はもう少し待とう」と思った。

そこから、延長戦に突入する。正真正銘の死闘だった。疲労困憊の表情からも読み取れるように、球威は明らかに落ちている。

「あなた、そろそろ、楽にしてやって下さいな」

その祈りを、天国の力道山がどう聞き違えたか知らないが、延長十回表、決勝のスクイズで勝ち越されてしまう。これには、敬子も天を仰ぐしかなかった。

4—3の惜敗、田村圭の夏は終わった。記事では左足親指付け根の裂傷を伝える。

「やることとやったんで、後悔はないです。一球一球に魂を込めることができた。（中略）痛かったけど、関係ない。痛みを忘れるほど、いい試合だった」（田村圭のコメント／2008年8月16日付／スポーツ報知）

敗れた瞬間、敬子の眼から涙がとめどなく流れた。単に悲しい涙とも違う。大量の汗も流れ出る。「甲子園には魔物が棲んでいる」とはよく言うが、自分が魔物になっているのかもしれない。

数日後、東京に戻って電車に乗っていると「力道山の孫、甲子園、惜しかったねえ」というサラリーマンの会話を耳にした。

「余計なもん背負わせちゃったかな」と敬子は思った。

力道山の孫

二〇〇九年春、田村圭は慶應義塾大学に進学する。

「力道山の孫ですよね。六大学野球でも見ましたから印象に残っています。いい投手でした。ストレートも速くて変化球も多彩。長身サウスポーの爽やかなイメージ。阪神からメジャーに移籍した井川慶に似ていると思いました。プロは行けたと思うけど、本人にその気がなかったのかもしれません」（高校野球に関する刊行物全般を取り扱う甲子園出版合同会社代表の藤田泰右）

「もちろん、口出しするつもりはないけど、『プロに進んだら面白いことになる』とは思っていました。関東の球団だったら通えるし、何しろ、主人の血が流れてるわけだから、闘争心はあると思うのよね。だから、期待はしたけど……」（田中敬子）

結局、田村圭は就職の道を選んだ。〝力道山の孫〟という重荷を背負うのを拒んだのかもしれない。敬子は責めるどころか「力道山」の名前を甦らせてくれたことに、感謝しかなかった。

後日談がある。田村圭に就職の内定が出た。何とフジテレビのアナウンサーである。しかし、どういうわけか、彼はそれを蹴って別の企業を選んだ。同級生の多くは「田村のやつ、何でフジテレビを蹴るんだ？」と訝しんだ。

敬子も気にはなった。フジテレビを断るなんて、余程の企業だろうか。

しばらく経って、孫と会った。

「そういえば、就職先どこ選んだの」と訊くと、孫は「三菱商事だけど」と答えた。

三菱というと、力道山にとっても敬子にとっても大恩のある企業である。

三菱グループがスポンサードしたお陰で、日本にプロレス中継は根付き、力道山の躍進は始まった。それどころか、力道山の死後、莫大な負債と相続税の支払いに苦しんでいた敬子を助けたのも三菱グループである。あの恩を敬子は忘れたことがない。

ただ、そんな大昔のことを、一九九〇年生まれの孫が知る由もない。

「ところで、何で三菱を選んだの」

敬子がそう訊くと「何となく」と関心無さそうに答えた。

その言葉に嘘はないのだろう。無意識に選んだのかもしれなかった。

それでも、血脈からは逃れられないらしい。

力道山未亡人

ＪＲ水道橋駅西口を出て、東京ドームを背に専修大学の方角に一分ほど歩くと、新日本プロレスのオフィシャルショップ「闘魂ＳＨＯＰ」はある。

店内には、十万円相当のＩＷＧＰチャンピオンベルトのレプリカをはじめ、Ｔシャツ、ポスター、バスタオル、ポストカード、応援メガホンが所狭しと並べられ、ビッグマッチのチケット先行販売の日ともなると、行列は店を突き抜けて歩道にまで達する。

店の奥に設えられたレジカウンターには、二十代の男性スタッフとお揃いの新日本プロレスのジャンパーを着た白髪の女性が立っていた。

田中敬子である。

彼女が水道橋の駅前で働いていることを、筆者は取材の過程で知った。午後一〜六時までの五時間、二十代の若い店員と並んでレジに立ち、商品棚を見て回ったりもしている。

「家にずっといたってすることもないし、毎晩、呑み歩くわけにもいかないでしょう」

そう言って笑っている横で、小学生らしき男児がレジの前に立った。手にはオカダカズチカのＴシャツを持っている。敬子は「いらっしゃいませ」と慣れた手つきでＴシャツを黒のビニール袋に詰めて、少年から金を受け取り、すっと釣りを渡した。

少年はこの女性店員が、日本のプロレスの実質的な創作者である力道山の夫人だったことを認識していないだろうし、もしかしたら、力道山自体、知らないのかもしれない。

敬子が闘魂ＳＨＯＰで働き始めたのは二〇〇六年のことである。力道山が生前に興したリキ観光開発の元社員である岩澤敏雄が、店舗の経営権を買い取ったことに由来する。

大阪に本社を置くゲーム会社・ユークスが新日本プロレスを買収すると、公式グッズの直営店である闘魂ＳＨＯＰの経営権も競売にかけられた。そのタイミングで権利を買い取った岩澤は、「敬子さんに店頭に立ってもらおう」と閃いた。「力道山未亡人」として度々メディアに登場する敬子の存在は、今のプロレスファンに「力道山」をアピールする機会になると踏んだのだ。

その後、再びプロレス人気が過熱すると、新オーナーであるブシロードのもと快進撃を続けていた新日本プロレスは、かつて手放した闘魂ＳＨＯＰの経営権を買い戻した。経営者が変わっても従業員の待遇は変わらず、敬子もそのまま在籍した。時給もほんの少し上がった。

「働いてみて思うのは、プロレスが繁栄するきっかけは子供。子供が夢中になると、親も一緒に観る。だから、小さい子供がお店にたくさん来ると『ああ、今は会場にお客さんが入ってるんだな』ってわかるもの」

店では月に一度シフトが決められ、田中敬子は、週二日、月八日は出勤している。


（完）

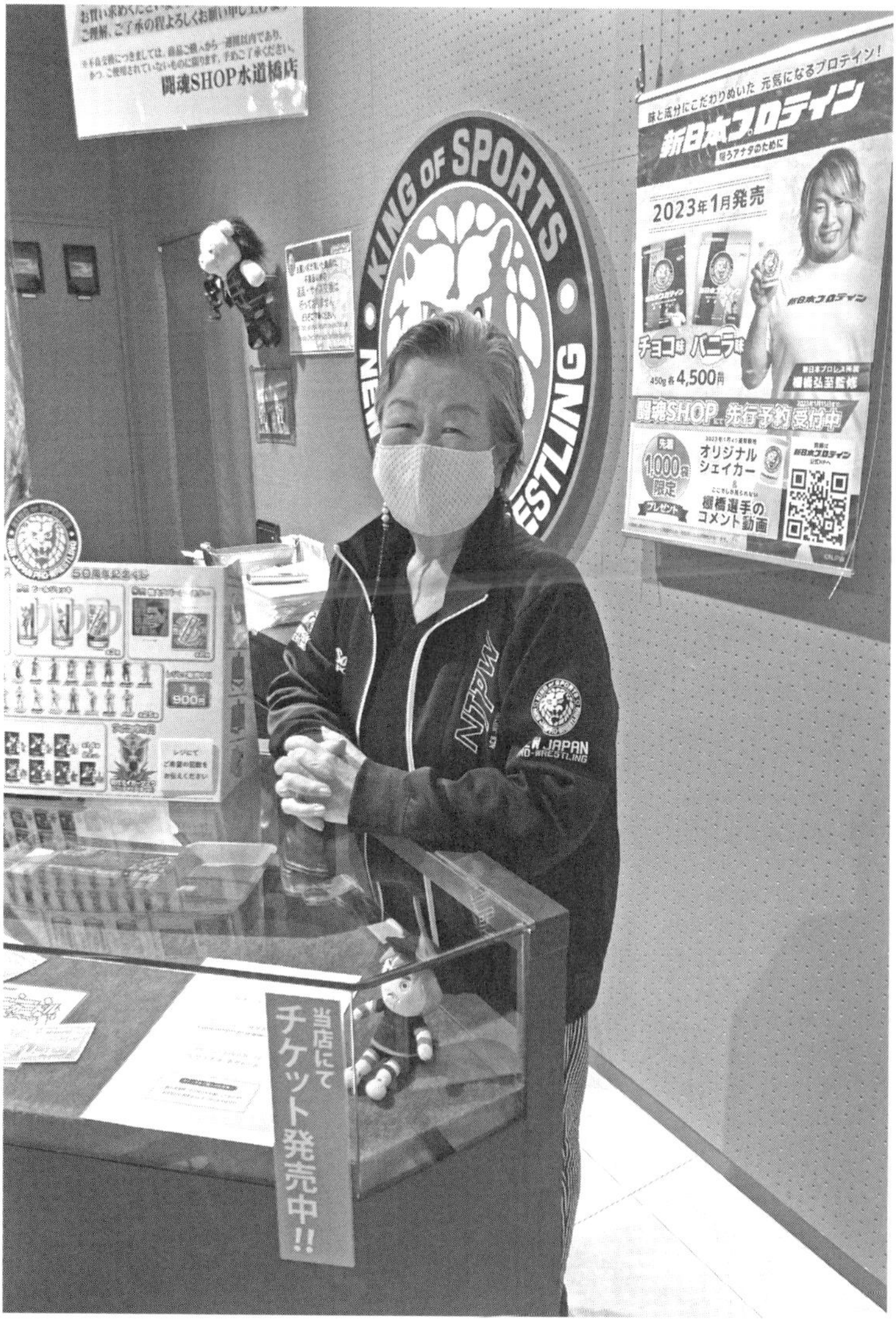

2022年12月21日撮影。闘魂SHOPにて

あとがき

「事実は小説より奇なり」とは、ノンフィクション作家のためにあるような至言である。

本書の主人公である田中敬子は、まさに創作を凌ぐ存在と言ってよく、八十歳をすぎた今も、講演に招かれては、亡き夫・力道山との思い出を語っている。

横浜市生まれ。少女時代から学業優秀で、高校卒業後、発足間もない日本航空の客室乗務員となった彼女は、誰もが知るスーパースターに見初められ、二十一歳で結婚した。すなわち、正真正銘のシンデレラだった。

田中敬子の数奇な半生を追ってみようと思ったのは、ある人物の示唆があったからだ。

二〇二〇年に上梓した『沢村忠に真空を飛ばせた男／昭和のプロモーター・野口修評伝』（新潮社）の取材で、筆者は作家の安部譲二の書斎を訪ねた。二〇一七年のことだ。

体調を崩し、往時のように、テレビやイベントで顔を見る機会もなくなっていた稀代の異能作家だが、多弁さは健在、しばしば、脱線しながらの取材は二時間半にも及んだ。

彼は「ところで、次は誰を書くつもりなの」と筆者に水を向けた。書き手とは常に、書く題材を探す旅人でもある。次の旅先を同業者である安部譲二が知りたいのは自明のことだ。

「桑田真澄と清原和博の一九八五年のドラフト会議の秘話とか、書きたいと思ってはいます」

思いつくまま答えると、それには、取り立てて反応を示さず、割合はっきりした口調で言った。

「敬子さんを書いてよ」

「え？」

「田中敬子。ほら、力道山の奥さんだった」

意外な提案に、何も答えられずにいると「ＪＡＬの同期」という彼はこう述べた。

「力道山との結婚生活はたったの半年。それで二十二歳で後家さんになっちまったんだよ。その若さなら、普通は再婚するだろう。二十二だぜ。それなのに、六十年間、ずっと独り身を貫いてる。理由が気になるよ。俺が言うのもなんだけど、不思議な人生だと思わないか」

そう言われて、やおら、筆者の脳が反応を示した。

「言われてみたら、そうですね」

「相当、苦労したらしいよ。何せ力道山は莫大な負債を抱えていたからさ。それを、全部背負わされたんだもん。彼女の長い長い後半生を書いてほしいんだ。読みたいな」

そして、こう付け加えた。

「俺は同期入社の縁で、今でも彼女と年賀状のやり取りくらいはしてるんだ。だから、紹介くらいは出来る。今、書いてるやつが一段落ついたら、いつでも連絡ちょうだい」

ここから「力道山未亡人」の構想が、事実上、始まったと言っていい。

ただし、すぐに取りかかったわけではない。二段組五百六十頁に及ぶ前書の難攻不落ぶりに手を焼いて、容易に手を付けられずにいた。

そうこうしていたら、安部譲二の訃報が伝えられた。前述の取材から二年後のことだ。紹介者を失ったことで、田中敬子への面会は閉ざされたかに見えた。

しかし、縁とは奇なりである。

二〇二二年の春、「僕の知り合いが会いたがっています。何でも、あなたの本を読んだらしくて」と友人から聞かされた。断る理由はなく、赤坂の居酒屋で会った。

会社経営者にして、往年のボクシング関係者であり、プロレスとも深い縁を持っているという人物は、講談社本田靖春ノンフィクション賞の栄誉に与った拙著を、幾度となく称賛してくれた末に、やはりと言うべきか「次はどんなテーマのものを書くつもりですか」と訊いてきた。

「次は女性を書きたいんですよ。まずは『姫』のママだった作詞家の山口洋子。それと、力道山の未亡人だった田中敬子さん」

何の気なしにそう答えると、彼は目を見開いて「おーっ」と声を張り上げた。

「敬子さん、よく知ってますよ。友達だもん、仲良し。すぐ紹介します」

そう言うと、彼はスマートフォンを取り出して、善は急げとばかりに電話をかけ始めた。

途切れたと思われた田中敬子との縁が再生した。これも「星座」と言うべきかもしれない。

慌ただしく始まった取材を通して筆者が知ったのは、田中敬子自身、生まれながらにして聡明で、かなりの強運の持ち主だったことだ。ある意味においては、力道山以上かもしれない。

小学校六年生のときの「健康優良児・神奈川県代表」に始まり、高校二年生のときには「横浜開国百年記念・英語論文コンクール」で特等賞。さらに、相当な倍率を勝ち抜いて日本航空の客室乗務員に採用されたことなど、いずれもその論拠と言うほかなく、加えて、大宅映子や原由子といった意外な人物との邂逅も、それらを補強する材料と言っていいかもしれない。

力道山が田中敬子を配偶者として熱望したのは、本書で詳述したように「独身だと銀行の融資が受けられない」といった実利的な理由もさることながら、彼女の明晰な頭脳と、そこはかとなき強運を、自身のビジネスに活用したかったからではあるまいか。すなわち、ビジネスパートナーにして、パワースポットとしての役割である。

「歴史にｉｆはない」とは言うが、もし、あのまま力道山が生き続けていれば、彼女はその役割を、期待以上にはたした蓋然性は低くないと筆者は見ている。

それが、突然の他界を余儀なくされたことで、田中敬子の天賦の才はすべて、亡夫が遺した莫大な負債と、相続税の返済に用いられた。これほど、残酷な浪費があるだろうか。

「力道山の妻」として、八十歳を超えた今も、講演やイベントに忙しい田中敬子が、これまで、夫の亡き後の労苦について、ほとんど口を閉ざしてきたのも、彼女自身、歴史の皮肉を感じ取ったからと推察する。「何を言っても愚痴になる」と思ったのかもしれない。

筆者がその件を質したら、「どうかしら」と一笑に付し、肯定も否定もしなかった。

そんな、彼女の数奇な生涯は、週刊誌連載という形で結実させたかったが、その機会は与えられなかった。そこで、乾坤一擲、小学館ノンフィクション大賞に応募することを決めた。

正直に打ち明けよう。筆者は田中敬子の強運にすがりたかったのである。

応募原稿を書き送った夏の終り、「一人打ち上げ」に託《かこつ》け、赤坂の中華料理店で痛飲した。店を出る頃には真夜中となっていた。酩酊していたせいか道に迷った。引き返すのも億劫で、住宅街を直進すると行き止まりである。古くて大きな建物にぶつかった。

見上げると「リキマンション」とあった。田中敬子が新婚だった一九六三年十月に建った大型集合住宅は、今もそのまま残っているのだ。

「力道山に呼ばれている」と感じた。とすれば「お疲れさん」と慰労されているようだが、「こんなもの書きやがって」と激怒しているのかもしれず、彼の真意を測りかねた。

拙作が大賞の栄誉に与ったことで「前者だったのでは」と些か安堵している。

取材に応じてくれたのは、以下の方々である。心からの謝意を述べたい。

秋山照、甘井もとゆき、大宅映子、グレート小鹿、琴音隆裕、鈴木裕枝、染谷凱子、田中永三、流智美、新田和高、原茂男、藤田泰右、宮川真美、山本信太郎（敬称略）

以下の方々にも、様々な形で尽力を賜った。心からの謝意を述べたい。

大森敏範、加藤大典、金山周馬、木村光一、阪上大葉、篠泰樹、関貴子、高本耕太、高柳聖、利根川亘、中川淳、西沢寛明、藤中浩平、宮川直実（敬称略）

前述の通り、筆者に田中敬子を紹介して下さった横井清人氏には、本当に感謝してもしきれない。この場を借りて、心からの謝意を述べたい。

貴重な証言を聞かせて下さった、田中敬子の実弟である田中勝一氏が三月二十五日に他界したのは、つくづく残念だった。深く謝意を述べるとともに、心から冥福をお祈りしたい。

これは余談になるが、書籍担当者である小学館・奥村慶太は、偶然にも、田中敬子の孫である田村圭氏と、慶應義塾高校・大学の同期生である。その引力の不可思議さに驚嘆せざるをえない。

そして、何より、主人公の田中敬子氏である。冗長な取材に付き合って下さって、本当に感謝している。併せて、思い出したくなかった過去までほじくり返すことになって、申し訳なかった。反省もしている。この場を借りて、最大限の謝意を述べたい。

最後に、決して安くない本書を購入して、最後まで読んでいただいた、すべての読者に心からの御礼を申し上げます。

二〇二四年四月四日

細田昌志

【参考文献】

『夫・力道山の慟哭　没後40年　未亡人が初めて明かす衝撃秘話』（田中敬子／双葉社）
『どかんかい　国際化を駆け抜けた男　第三十九代横綱　張り手一代前田山英五郎』（今田柔全／ＢＡＢジャパン出版局）
『猪木寛至自伝』（アントニオ猪木／新潮社）
『男は馬之助　場外乱闘を生きてみろ！』（上田馬之助／学習研究社）
『君は力道山を見たか』（吉村義雄／飛鳥新社）
『麦と兵隊・土と兵隊』（火野葦平／角川文庫）
『戦場で書く　火野葦平のふたつの戦場』（渡辺考／朝日文庫）
『昭和二十年の青空―横浜の空襲、そして占領の街』（赤塚行雄／有隣堂）
『健康優良児とその時代　健康というメディア・イベント』（高井昌吏・古賀篤／青弓社）
『女の才覚～日本の女性が失くしてしまったもの～』（大宅映子／ワニブックスＰＬＵＳ新書）
『娘心にブルースを』（原由子／ソニーマガジンズ）
『処女連禱』（有吉佐和子／集英社文庫）
『怪傑ゾロ目』（安部譲二／文春文庫）
『スチュワーデス物語』（深田祐介／文春文庫）
『日本航空スチュワーデスになる本』（月刊スチュワーデスマガジン編集／イカロス出版）
『日航スチュワーデス　魅力の礼儀作法』（奥谷禮子／新潮文庫）

『日本航空一期生』（中丸美繪／中公文庫）
『おそめ　伝説の銀座マダム』（石井妙子／新潮文庫）
『零戦空戦記　ソロモンから天王山の闘いまで』（秋本実／光人社NF文庫）
『こちら機長席』（迫守治／筑摩書房）
『木村政彦はなぜ力道山を殺さなかったのか』（増田俊也／新潮社）
『力道山以前の力道山たち』（小島貞二／三一書房）
『欲望のメディア』（猪瀬直樹／小学館文庫）
『巨怪伝　正力松太郎と影武者たちの一世紀』（佐野眞一／文藝春秋）
『元祖テレビ屋大奮戦！』（井原高忠／文藝春秋）
『東京アンダーワールド』（ロバート・ホワイティング・松井みどり訳／角川書店）
『テロルの決算』（沢木耕太郎／文春文庫）
『巨人の肖像　双葉山と力道山』（石井代蔵／講談社）
『父・力道山　初めて明かす父の実像、父への愛』（百田光雄／小学館文庫）
『もう一人の力道山』（李淳馹／小学館文庫）
『力道山伝説』（李鎬仁／朝鮮青年社）
『悪政・銃声・乱世　児玉誉士夫自伝』（児玉誉士夫／弘文堂）
『児玉誉士夫巨魁の昭和史』（有馬哲夫／文春新書）
『猛牛と呼ばれた男「東声会」町井久之の戦後史』（城内康伸／新潮文庫）
『襲撃　裏社会で最も恐れられた男たち』（大下英治／青志社）

『特務機関長　許斐氏利　風淅瀝として流水寒し』（牧久／ウェッジ）
『日本の右翼』（猪野健治／ちくま文庫）
『大野伴睦回想録』（大野伴睦／中公文庫）
『評伝大野伴睦　自民党を作った大衆政治家』（丹羽文生／並木書房）
『東京アンダーナイト〝夜の昭和史〟ニューラテンクォーター・ストーリー』（山本信太郎／廣済堂出版）
『赤坂ナイトクラブの光と影「ニューラテンクォーター」物語』（諸岡寛司／講談社）
『力道山の真実』（門茂男／角川文庫）
『日本怪死人列伝』（安部譲二／産経新聞社）
『権力と陰謀　元KCIA部長・金炯旭の手記』（金炯旭／合同出版）
『政治の密室』（渡邉恒雄／雪華社）
『田中角栄を総理にした男　軍師・川島正次郎の野望』（栗原直樹／青志社）
『政客列伝』（安藤俊裕／日本経済新聞出版）
『戦後史の正体』（孫崎享／創元社）
『私家版　差別語辞典』（上原善広／新潮選書）
『夕やけを見ていた男　評伝・梶原一騎』（斎藤貴男／新潮社）
『ジャイアント馬場　王道十六文』（ジャイアント馬場／日本図書センター）
『山口組三代目　田岡一雄自伝』（田岡一雄／徳間書店）
『実録小説　神戸芸能社　山口組・田岡一雄三代目と戦後芸能界』（山平重樹／双葉文庫）
『お父さんの石けん箱』（田岡由伎／ちくま文庫）

参考文献

『1964年のジャイアント馬場』（柳澤健／双葉文庫）
『田中清玄自伝』（大須賀瑞夫／文藝春秋）
『唐牛伝　敗者の戦後漂流』（佐野眞一／小学館文庫）
『馬場・猪木の真実』（門茂男／角川文庫）
『殴り殴られ』（安部譲二／集英社文庫）
『藤猛物語　血と汗の半世紀』（中川幹朗／日本出版センター）
『野球賭博と八百長はなぜ、なくならないのか』（阿部珠樹／KKベストセラーズ）
『窪園秀志の八方破れアイデア人生』（赤羽紀元／朝日出版社）
『ジャイアント馬場の16文が行く』（ジャイアント馬場／ダイナミックセラーズ）
『完本1976年のアントニオ猪木』（柳澤健／文春文庫）
『群狼たちの真実』（門茂男／角川文庫）
『猪木とは何か・キラー篇　紙のプロレス公式読本』（芸文社）
『昭和プロレス正史　上・下巻』（斎藤文彦／イースト・プレス）
『ワシントンハイツ　GHQが東京に刻んだ戦後』（秋尾沙戸子／新潮文庫）
『芸能界誕生』（戸部田誠／新潮新書）

◉カバー、本文中の写真で出典のないものは田中敬子氏からの提供

細田昌志（ほそだ・まさし）
1971年岡山市生まれ、鳥取市育ち。鳥取城北高校卒業。リングアナウンサー、CSキャスター、放送作家を経て作家に。2021年『沢村忠に真空を飛ばせた男』（新潮社）が第43回講談社本田靖春ノンフィクション賞を受賞。2023年『力道山未亡人』で第30回小学館ノンフィクション大賞を受賞。

編集　奥村慶太

力道山未亡人

二〇二四年六月五日　初版第一刷発行
二〇二四年九月二日　第五刷発行

著者　細田昌志
発行者　三井直也
発行所　株式会社小学館
〒一〇一-八〇〇一　東京都千代田区一ツ橋二-三-一
編集　〇三-三二三〇-五九六一　販売　〇三-五二八一-三五五五
DTP　株式会社昭和ブライト
印刷所　TOPPAN株式会社
製本所　株式会社若林製本工場

 ISBN 978-4-09-389161-5